Ralf Schwarzer (Hrsg.)

Lernerfolg und Schülergruppierung

Studien zur Lehrforschung

Herausgegeben von Prof. Dr. Karl Josef Klauer und
Prof. Dr. Hans-Joachim Kornadt

Band 9

Ralf Schwarzer (Hrsg.)

Lernerfolg und Schülergruppierung

Untersuchungen zur pädagogischen Diagnostik
und Unterrichtsorganisation
im differenzierten Schulwesen

Pädagogischer Verlag Schwann Düsseldorf

© 1974 Pädagogischer Verlag Schwann Düsseldorf
Alle Rechte vorbehalten · 1. Auflage 1974
Umschlaggestaltung Peter J. Kahrl
Satz und Druck Express-Druckerei Düsseldorf
ISBN 3-590-14309-6

Inhalt

Einleitung 7

Luzius Hürsch

Zur empirischen Evaluation der äußeren Differenzierung des Schulwesens 13

Wolfgang Royl/Ralf Schwarzer

Testdaten und Schulnoten beim Eintritt in die differenzierte Orientierungsstufe – geschlechts- und sozialschichtspezifische Analysen 26

Ralf Schwarzer

Pädagogische Klassifikationsentscheidungen auf der Basis lerndiagnostischer Information 39

James Hartley

Untersuchungen verschiedener Sozialformen bei Programmierter Instruktion 49

Klaus Weltner

Individualisierung von Lernprozessen durch Förderung von Selbstinstruktionstechniken 62

Brigitte Rollett/Matthias Bartram

Die individuelle Arbeitszeit und andere Determinanten bei Programmiertem Unterricht – Konsequenzen für die pädagogische Diagnostik und die pädagogische Therapie im differenzierten Unterricht 76

Dierk Trempler/Wolf-Rüdiger Minsel/Beate Minsel

Pädagogische Therapie in Kleingruppen – ein Vergleich unterschiedlicher Behandlungskonzepte zur Behebung legasthenischer Schwierigkeiten 96

Einleitung

1. Institutionelle Anforderungen und individuelle Merkmale

Die Zuordnung von Lernenden zu verschiedenen Lernumwelten ist ein altes pädagogisches Thema. Bis heute jedoch ist das Problem der Schaffung optimaler Lernbedingungen ungelöst. Die Ursachen dafür liegen sowohl im personalen als auch im curricularen Bereich des Unterrichts. Lernende unterscheiden sich in einer Reihe von Persönlichkeitsmerkmalen wie z. B. Intelligenz, Arbeitstempo, Einstellungen, Motivationen, Alter, vorgängige Lernerfahrungen usw., die die Art und Weise des Lernprozesses erheblich beeinflussen. Dort, wo Unterricht institutionalisiert ist, erweist es sich als notwendig, die individuellen Merkmalsunterschiede durch organisatorische Maßnahmen zu berücksichtigen. Neben der Einrichtung von Jahrgangsklassen ist die äußere Differenzierung des Schulwesens in vor allem drei Schularten des Sekundarbereichs die geläufigste traditionelle Form der organisatorischen Berücksichtigung individueller Differenzen. Der institutionelle Zweck von Hauptschule, Realschule und Gymnasium ist unterschiedlich, was z. B. durch verschiedene Lehrpläne zum Ausdruck kommt (fixed treatment). Die Zuweisung von Schülern nach dem vierten Grundschuljahr ist an diesen institutionellen Zwecken orientiert. Die erwartete erfolgreiche Bewältigung intellektueller Anforderungen, die dann mit einer formalen Berechtigung zur Wahrnehmung berufsbezogener Aktivitäten dokumentiert werden soll, stellt das Kriterium der Zuweisungsentscheidung dar. Der Lernerfolg ist Prädiktor (unabhängige Variable) und Kriterium (abhängige Variable) zugleich: die Bewertung der Leistungen im vierten Grundschuljahr (Prädiktor) liefert eine Prognose für den Erfolg in der weiterführenden Institution

(Kriterium). Die Kritik am herkömmlichen System, die zur Forderung nach der Einführung der integrierten Gesamtschule geführt hat, ist hinreichend bekannt. Unabhängig von den inzwischen eingeleiteten Versuchs- und Reformmaßnahmen kann man jedoch annehmen, daß die äußere Differenzierung noch für Jahrzehnte ein dominantes Kennzeichen des Bildungswesens bleiben wird. Unter dieser Prämisse findet man zwei Ansätze der erziehungswissenschaftlichen Forschung: der eine zielt auf eine Optimierung der punktuellen Auslese durch Verfeinerung der Diagnoseverfahren mit immer höherer prognostischer Validität und der andere auf die Untersuchung der mehrstufigen Entscheidungsprozedur im Rahmen einer zweijährigen Orientierungsstufe nach Abschluß der Primarstufe. Der Optimierung der punktuellen Auslese sind schon seitens der Psychometrie prinzipielle Grenzen gesetzt (vgl. die Kritik von *Hürsch* in diesem Band). Zur Evaluation der differenzierten Orientierungsstufe gibt es bisher kaum empirische Untersuchungen. Unverändert bleibt offenbar die Reproduktion der sozialen Schichten in den institutionellen Varianten (vgl. den Beitrag von *Royl/ Schwarzer*).

Gegenüber der äußeren Niveaudifferenzierung auf der Basis der globalen Lernfähigkeit (streaming) findet man immer häufiger systematische Gruppierungen innerhalb einer Institution (Gesamtschule, Orientierungsstufe, eine der Schularten) wie z. B. die fachspezifische Niveaudifferenzierung (setting), die flexible didaktische Differenzierung und schließlich die Individualisierung als ein Spezialfall der Gruppierung (vgl. den Beitrag von *Weltner*). Das Motiv, das allen derartigen pädagogischen Maßnahmen zugrundeliegt, ist die unterrichtliche Bewältigung der Schülermerkmalsvarianz. Die Heterogenität der schulleistungsrelevanten Persönlichkeitsmerkmale erlaubt keinen effektiven Unterricht im Kollektiv. Um die Merkmalsvarianz zu reduzieren, greift man auf die verschiedenen Gruppierungsformen zurück, teilt also den Streubereich in Segmente auf und erreicht dabei im allgemeinen eine relative Homogenität bezüglich eines Merkmals. Die Minimierung der Streuung *innerhalb* der so gebildeten Gruppen führt aber zu einer Maximierung der Streuung *zwischen* ihnen, wenn nicht besondere kompensatorische Maßnahmen dies verhindern. Solche egalisierenden Vorkehrungen sind allerdings von den meisten gesellschaftlichen Gruppen nicht erwünscht (Nivellierungsthese). Dieses bei »streaming« und »setting«

offensichtliche Dilemma ist bei didaktischer Differenzierung mit beweglichen Gruppengrößen, Team Teaching usw. und bei radikaler Individualisierung auf technologischer Basis weniger transparent. Die prinzipielle Ungelöstheit des Gruppierungsproblems läßt es angeraten erscheinen, nicht *ein* Modell für die Schulpraxis zu empfehlen, sondern eine Kombination mehrerer Modelle im Rahmen einer flexiblen Unterrichtsorganisation. Es gibt offenbar keine ausreichenden Belege a) für die Auswahl der »richtigen« Schülermerkmale, b) für die optimale Streubreite dieser Merkmale in einer Gruppe und c) für das jeweils geeignetste Verfahren der Zuordnung von Individuen mit einem Minimum an Fehlentscheidungen. Als unmittelbare Ansatzpunkte für die Lösung von entsprechenden Teilproblemen im Rahmen der empirischen Unterrichtsforschung können Fragen der pädagogischen Diagnose und der Entscheidungsverfahren gelten.

2. Pädagogische Diagnostik und Entscheidungsstrategien

Es genügt nicht zu wissen, daß Schülermerkmale überhaupt eine große Streuung aufweisen, sondern es bedarf einer Quantifizierung dieses Sachverhalts mit Hilfe eines diagnostischen Instrumentariums, das eine objektive, zuverlässige und gültige Erfassung der jeweiligen Merkmale gestattet. Daher ist die pädagogische Diagnostik den personellen Entscheidungen grundsätzlich vorgeordnet. Die herkömmliche Praxis, die von einem Übergewicht des fragwürdigen Lehrerurteils gekennzeichnet ist, erfüllt bei weitem nicht die methodischen Ansprüche einer wissenschaftlich fundierten Diagnostik im Bildungswesen. Die gegenwärtige Entwicklung richtet sich stärker auf die Verwendung lehrzielorientierter Testverfahren bei zunehmender meßtheoretischer Reflexion, vor allem im Hinblick auf probabilistische Ansätze. Weiterhin ist eine Abkehr von der Verwendung einer einzigen diagnostischen Information (z. B. Einstufungstestwert) zugunsten mehrdimensionaler Informationen auf der Basis einer Testbatterie und anderer Variablen (z. B. Lerntempo) zu erwarten (so auch in dem Beitrag von *Rollett/Bartram*).
Die höhere Elaboriertheit im diagnostischen Sektor bedarf eines Pendants in den anschließenden Entscheidungsprozeduren für die Gruppierung. Denn was nützt die beste diagnostische Information, wenn sie einer überwiegend subjektiven Zuordnung der Individuen

zu Gruppen oder Medien dient? Hierzu liegen in der Psychologie Modelle vor, die seitens der Erziehungswissenschaft kaum adaptiert sind. Institutionelle Entscheidungen über Personen unterteilen wir in Selektion, Plazierung und Klassifikation, wobei die ersten beiden Begriffe auch als Sonderfälle des allgemeineren dritten gelten können. Bei der Selektion wird auf der Grundlage einer diagnostischen Information über die Annahme oder Ablehnung von Individuen für eine »Behandlung« (treatment) entschieden. Dieser Fall tritt im Bildungswesen z. B. bei der Zurückstellung vom Schulbesuch wegen »Schulunreife« oder bei der Annahme von Abiturienten für NC-Fächer wegen guten Notendurchschnitts auf. Bei den üblichen Gruppierungsmodellen verbleiben alle Individuen in der Institution oder einer Institutionsvariante (Schulart). Ablehnungen sind nicht vorgesehen. Die Auslese nach der Grundschulzeit ist in unserer Terminologie also keine Selektions-, sondern eine Plazierungsentscheidung. Die Lernenden kommen aufgrund einer diagnostischen Information in eine der Valenzen der Kriteriumsvariable »Schulart«. Auch eine Kombination verschiedener Prädiktoren wie Lehrerurteil, Intelligenzwert, mehrere Schulnoten und der Elternwunsch ist als eindimensionale Information anzusehen: entscheidend ist die Segmentierung der einen Kriteriumsvariablen nach dem Gesamturteil. Auch beim »setting« handelt es sich um eine Reihe von Plazierungsentscheidungen: Schüler werden aufgrund *eines* Testwerts in verschiedene Niveaukurse eines Schulfachs (Valenzen der Kriteriumsvariable) eingestuft. Wenn dies unabhängig für mehrere Fächer geschieht, liegt eine Mehrfachplazierung vor. Die Klassifikation im engeren Sinne geht darüber hinaus, indem mehrdimensionale diagnostische Information dazu verwendet wird, die Individuen *einer von mehreren* Kriteriumsvariablen zuzuordnen. So könnte man z. B. aufgrund der Kenntnis des Lerntempos, der situativen Motivation und des Vorwissens (dreidimensionales Modell) die Schüler z. B. einer Laborgruppe, einer Filmgruppe oder einer Lehrprogrammgruppe zuordnen (vgl. die Beiträge von *Hartley, Weltner, Rollett/Bartram* und *Schwarzer*).

In der pädagogischen Differenzierungsdiskussion mangelt es bisher noch an der expliziten Unterscheidung verschiedener Klassifikationsarten und deren empirischer Evaluation. Insbesondere die Verwendung höherer statistischer Verfahren zur Minimierung von Fehlklassifikationen wie z. B. der Diskriminanz – und der Regressionsanalyse ist eine Seltenheit – sogar bei den sonst so aufwendigen und mit der Aura der Wissenschaftlichkeit versehenen Schulversuchen der letzten Jahre.

Neben den Gruppierungsentscheidungstypen wie Plazierung und Klassifikation ist weiter danach zu unterscheiden, ob die Prozedur einstufig (single stage) oder mehrstufig (multi stage; sequentiell) erfolgt. Beim herkömmlichen »streaming«, »setting« und auch bei didaktischer Differenzierung wird im allgemeinen aufgrund einer einmaligen Lerndiagnose endgültig über die Gruppenzugehörigkeit (oder die individuelle Aktivität) entschieden, wobei die Zugehörigkeitsdauer je nach der Konzeption der Institution vorher festliegt. So ist z. B. die Verweildauer in einer Realschule für sechs Jahre vorgesehen, der Verbleib in einem Niveaukurs vielleicht für ein halbes Jahr und die Zugehörigkeit zu einer Lehrprogrammgruppe vielleicht für eine Woche. Ein Paradigma für eine sequentielle Entscheidungsprozedur könnte die in einigen Bundesländern eingeführte Orientierungsstufe liefern: die Schüler sollen nach zwei »Beobachtungsjahren« in eine der drei herkömmlichen oder auch reformierten Schularten plaziert werden, ohne daß durch eine punktuelle Entscheidung während dieser Zeit das Ergebnis vorweggenommen werden soll. Man wird nach der Ersteinweisung (Stufe 1) in bestimmten Zeitabständen diagnostische Informationen erheben (Stufen 2 bis n-1) und jeweils reversible Neueinweisungen in Kurse und – sofern es sich um eine schulartbezogene Orientierungsstufe handelt – gegebenenfalls auch Schrägversetzungen vornehmen, bis das Risiko einer Fehlplazierung nach zwei Jahren relativ minimal geworden ist (Stufe n).

3. Adaptiver Unterricht: die Anpassung der Lernumwelt an die individuellen Merkmalsdifferenzen

Während in herkömmlichen Gruppierungsmodellen die »Behandlung« z. B. in Form von etablierten Lehrplänen oder Curricula vorgegeben ist (fixed treatment), liegt eine alternative Konzeption in der Anpassung der »Behandlung« an die individuellen Gegebenheiten (adaptive treatment). Damit wird die übliche Klassifikation auf den Kopf gestellt: anstatt Unterrichtsmethoden zu entwickeln und dann die dafür geeigneten Schüler auszulesen, werden zuerst die Schülermerkmale diagnostiziert, um darauf bezogene – also adaptive – Methoden finden zu können, die den individuellen Lernbedürfnissen am ehesten gerecht werden. Ein interessanter Spezialfall des adaptiven Unterrichts ist die Erforschung der Wechselwirkungen zwischen Schülermerkmalen und Unterrichtsmethoden, um auf diesem Weg zu einer differenzierten Vorhersage des Lernerfolgs zu kommen. Der Ansatz ist unter dem Namen »aptitude-treatment interaction« (ATI) in den USA seit Jahren bekannt. Eine solche pädagogisch bedeutsame Interaktion liegt vor, wenn Schüler mit dem Merkmal A bei der Methode I erfolgreicher sind und Schüler mit dem Merkmal B bei der Methode II. Graphisch ist der Effekt an der Überkreuzung der entsprechenden Regressionsgeraden erkennbar. Die empirische Erforschung des ATI-Konzepts hat bisher noch nicht zu Resultaten geführt, die unmittelbar in Handlungsanweisungen für die pädagogische Praxis umgesetzt werden können. Aber es erscheint plausibel, daß es eine Fülle solcher Interaktionen gibt: man braucht sie »bloß« zu finden!

Adaptiver Unterricht bedeutet die Anpassung von Medien, Methoden und Organisationsformen an die individuellen Unterschiede von Lernenden auf dem Weg über die Differenzierung bzw. Individualisierung des Unterrichts gemäß der Lernfähigkeit und -bereitschaft merkmalsverschiedener Individuen. Wenn die diagnostischen Probleme des adaptiven Unterrichts gelöst sind, gilt es, geeignete Methoden, Medien und Organisationsformen zu finden, um diesen Lernbedürfnissen und Lernschwierigkeiten gerecht zu werden. Ansätze dazu sind vorhanden. So hat sich z. B. herausgestellt, daß für bestimmte Schüler der Programmierte Unterricht eine therapeutische Lernsituation darstellt (vgl. den Beitrag von *Rollett/Bartram*). Überhaupt wird die pädagogische Therapie der erste und dominante Anwendungsfall des adaptiven Unterrichts werden, wie Forschungen mit Kleingruppen von Lerngestörten nahelegen (vgl. den Beitrag von *Trempler* u. a.).

Sicher ist der Lehrer mit herkömmlicher Ausbildung überfordert, wenn er zugleich Diagnostiker, Entscheidungsagent, Curriculumentwickler und Therapeut mit erziehungswissenschaftlichem Anspruch sein soll. Moderne Technologien werden in größerem Umfang nötig, um die hier aufgezeigten Forderungen an eine Qualifizierung der Schulpraxis erfüllen zu können.

Ralf Schwarzer

Zur empirischen Evaluation der äußeren Differenzierung des Schulwesens

Luzius Hürsch

Einführung*

Alle Schulsysteme der Deutschschweizerischen Kantone haben im Prinzip einen dreigliederigen Aufbau. Nach der gemeinsamen Grundschule besuchen die Schüler anschließend entweder ein für die Hochschule vorbereitendes Vorgymnasium, oder eine bis zum Ende der obligatorischen Schulzeit führende höhere Mittelschule, oder sie bleiben weiterhin in der Primarschule mit nur beschränktem Fremdsprachenunterricht. Der Übertritt erfolgt in den einzelnen Kantonen zu verschiedenen Zeitpunkten und liegt zwischen dem Ende der vierten und Ende der sechsten Klasse, dem Beginn des Fremdsprachenunterrichts entsprechend.

Die Auslesemethoden sind kantonal geregelt. Zum Teil werden sie für den ganzen Kanton zentral durchgeführt, zum Teil setzt die kantonale Behörde nur den Rahmen fest und überläßt den aufnehmenden Schulen die eigentliche Durchführung. In einzelnen Kantonen werden keine Prüfungen durchgeführt, in andern ist eine solche obligatorisch. Alle Variationen dazwischen sind ebenfalls vertreten. Im Kanton Basel Stadt tritt circa ein Drittel der Schüler eines Jahrgangs an die Gymnasien über, im Kanton Zürich wird ein Fünftel aller Schüler an einer über die obligatorische Schulzeit hinausführenden höheren Mittelschule unterrichtet. Im Kanton Luzern besuchen

---

* L. Hürsch ist Psychologe an der Universität Bern und war an dem durch den Schweizerischen Nationalfonds finanzierten Forschungsprojekt »Untersuchung der intellektuellen Voraussetzungen für den Besuch höherer Mittelschulen« beteiligt. Er bezieht sich daher in seinem Beitrag auf das schulische Differenzierungssystem der Schweiz, das insbesondere im deutschsprachigen Landesteil prinzipiell der Dreigliedrigkeit in der Bundesrepublik Deutschland entspricht. Der Einführungsabschnitt soll den Leser mit dieser regionalen Variante bekanntmachen. (Anm. des Hrsg.)

circa ein Achtel in der 7. Klasse ein Untergymnasium. Bei all dieser Vielfalt ist überall ein Merkmal mehr oder weniger ausgeprägt festzustellen. Ein großer Prozentsatz erreicht den Abschluß des Gymnasiums nicht, oder nur mit Repetition.
Nach mündlichen Informationen des psychologischen Schuldienstes von Basel sind dies etwa die Hälfte der Schüler. Aus der Mittelschulstatistik 1971 des Kantons Zürich ist zu entnehmen, daß 80% der Schüler an höheren Mittelschulen, die über die obligatorische Schulzeit hinausführen, im 7. Übertrittsschuljahr den regulären Jahrgang haben. Bei den Schülern des 13. Schuljahrs – vor dem Abschluß – dagegen haben nur noch 58% den regulären Jahrgang.
Nimmt man an, daß alle andern Retardierungsursachen altersunabhängig sind, so bleibt eine Differenz von rund einem Fünftel der Schüler, welche zu irgend einem Zeitpunkt dem Unterricht nicht mehr gewachsen waren. Hinzu kommen aber noch die Kinder, die vor einem Abschluß ausgetreten sind. Bei den für die Hochschule vorbereitenden Maturitätsschulen liegen die Prozentsätze zwischen 46% und 29%. Im Kanton Luzern schätzt man, daß etwa 46% Literargymnasiasten (inkl. Repetenten) einen erfolgreichen Abschluß erreichen (*Jenny* 1972). Die Verhältnisse sind nicht besser, als in den von *Undeutsch* (1968) referierten Untersuchungen.
Obschon ernstzunehmende Vorschläge für eine Reform des Bildungswesens vorliegen (*Egger* 1972), sind die Widerstände gegen eine Neugestaltung aus politischen, insbesondere die kulturelle Eigenständigkeit der Kantone wahrenden Motiven, sehr groß. Am Grundprinzip der dreistufigen Ausbildung, dessen Hauptmerkmal die Auslese zwischen 10+ und 12+ ist, wird sich in den nächsten Jahren kaum etwas ändern lassen.

Probleme der pädagogischen Diagnostik in einem differenzierten Schulsystem

Wenn Schüler wie hier langfristig auf verschiedene Leistungsniveaus plaziert werden, spricht man auch von einer äußeren Differenzierung. Zur Optimierung der anfallenden Entscheidungsprozesse über die Schulart- oder Gruppenzugehörigkeit von Individuen bedarf es wissenschaftlicher Verfahren. Aufgabe der pädagogischen

Diagnostik ist es dann, ein Instrumentarium zur Erfassung von Schülerpersönlichkeitsmerkmalen bereitzustellen, das über die bekannten Gütekriterien wie Objektivität, Zuverlässigkeit und Gültigkeit usw. verfügt. Es liegt nahe, in diesem Zusammenhang an psychologische Tests und standardisierte Schultests zu denken, die diese Kriterien im allgemeinen erfüllen.

Es soll nun etwas genauer untersucht werden, auf welche Gütekriterien es bei Plazierungsentscheidungen ankommt und inwieweit eine solche Optimierung der Erfolgsvorhersage durch qualifizierte Instrumente überhaupt möglich und wünschenswert sein kann. Zunächst sei hervorgehoben, daß viele Leute ihr Augenmerk zu wenig auf die Gültigkeit (prognostische Validität) und zu sehr auf die Zuverlässigkeit (Reliabilität) des Verfahrens richten.

Die Zuverlässigkeit, d. h. das Maß der Übereinstimmung der verschiedenen Punktwerte bei mehrmaliger Messung ist jedoch nicht die entscheidende Voraussetzung, damit die Zahl der Fehlentscheide abnimmt. Alle Vorschläge, die nur darauf ausgehen, zuverlässigere und feiner differenzierende Prüfungsresultate zu erhalten, werden kaum eine wesentliche Verminderung der Fehlentscheide bewirken. Ursprünglich stellte sich das Problem, ob mit Hilfe von psychologischen Tests die Auslese verbessert werden kann, wobei die Testresultate im Schuljahr vor dem Übertritt während des Unterrichts oder an der Übertrittsprüfung gewonnen werden.

Schulleistungstests sind aus verschiedenen Erwägungen für diesen Zweck nicht zu verwenden. Die Verschiedenheit der Übertrittsalter und der Lehrpläne würde eine immense Entwicklungsarbeit erfordern, ohne wesentlich neue Information zu liefern. Die Durchführung anderer Tests als solche, welche die intellektuelle Leistungsfähigkeit erfassen, ist in der Schule für Ausleseentscheide nicht möglich. Von der Seite der Lehrer wie der Eltern ist die Skepsis gegenüber solchen Tests zu groß. Zum Teil bestehen Vorbehalte gegenüber dem Aussagewert, zum Teil wird die Bloßstellung der Persönlichkeit befürchtet.

Man einigte sich mit den beteiligten Schulen und schulpsychologischen Diensten auf eine Intelligenztestbatterie, welche in drei Sitzungen von ca. 60 Minuten durch Lehrer klassenweise durchgeführt werden kann, und deren Auswertung keine besonders qualifizierte Personen benötigt. Bis auf einen Test ist eine maschinelle Auswertung durchaus möglich.

Die Einzeltests bestehen aus Aufgaben, welche die sprachliche Leistungsfähigkeit (Wortschatz, verbales Umstrukturieren, verbale Flüssigkeit, logisches Erfassen verbaler Aussagen), den Umgang mit Zahlen und mathematischen Operationen (numerisches Rechnen, Erkennen eines Lösungswegs) und das Erkennen von Gesetzmäßigkeiten bei grafischen und numerischen Folgen prüfen.
Bei drei Tests sind die Aufgaben in verbaler Form, bei drei in Form von Zahlen und/oder Rechenoperationszeichen gestellt und in drei dominiert der figurale Aspekt der Aufgabenstellung.
Vom Gesichtspunkt der Faktorentheorie der Denkprozesse nach *Meili* (1964), erfassen die Tests die vier grundlegenden Faktoren Komplexität, Plastizität, Ganzheit und Flüssigkeit des Denkens.
In den drei Jahren der Testentwicklung wurden in der Zusammenstellung der Testbatterie Veränderungen vorgenommen, um das Spektrum der erfaßten intellektuellen Leistungen auszugleichen und zu erweitern, sowie die Durchführbarkeit und Zuverlässigkeit zu erhöhen. Aus Tabelle 1 sind die Zusammenstellung der Tests, die ungünstigste Schätzung der Zuverlässigkeit der Punktwerte (Reliabilität) und die Mittelwerte $\bar{x}$ und Variationsbreite (Standardabweichung s) der Rohwerte für drei Altersgruppen ersichtlich.
Für sechs Tests bestehen zwei Parallelformen (nämlich ZR, WWT, GR, ZE, ZS und VW), um das Abschreiben zu verhindern. Für jeden Test ist eine vollständige Instruktionsanweisung und Korrekturanleitung ausgearbeitet worden.
Das ständige Auswechseln von Tests durch faktoriell gleichwertige, war vorgesehen, um den Wert des Ausleseinstruments zu erhalten, weil nur so vermieden werden kann, daß die Aufgaben von früheren Durchführungen her bekannt sind. Diese, vor allem von der Seite der Lehrer erhobene Forderung, erschwert den Vergleich der Resultate verschiedener Jahre und zwingt zur Verwendung von Analysemethoden, deren hohes Abstraktionsniveau zu nicht unmittelbar einsehbaren Resultaten führen kann. Dadurch wird leider die Kommunikation mit dem die Schulwirklichkeit erlebenden Lehrer erschwert.
Versuchsweise wurden die Tests (im weitern BÜT – Berner-Übertritts-Tests genannt) in den Kantonen Basel-Stadt, Zürich und Luzern beim Übertritt durchgeführt. Den 6400 Beteiligten war vorher mitgeteilt worden, daß die Resultate, wenn sie in Zweifelsfällen für die Entscheidungen herangezogen werden, das Urteil nur im Sinne

Tabelle 1: *Reliabilitäten, Mittelwerte, Standardabweichungen der Rohwerte für Gesamtpopulationen verschiedener Altersstufen*

	Reliabilität*)	Ende 4., Anfang 5. Klasse		Ende 5. Klasse		Ende 6. Klasse	
		$\bar{x}$	s	$\bar{x}$	s	$\bar{x}$	s
Cattell Bilder CB	.85	33.08	10.19	28.98	7.79	36.00	9.50
Zahlen Reihen ZR	.88	9.10	5.48	13.52	5.41	16.40	9.26
Judgement JU[4]	.74	17.52	4.59	19.98	4.72	18.70	4.04
Wortwahltest WWT[5]	.94	16.29	8.62	–	–	27.30	9.12
Graphische Reihen GR	.86	12.27	6.28	13.71	5.38	14.71	5.82
Zeichen Einsetzen ZE[4]	.86	12.56	4.28	14.36	4.20	15.83	4.33
Verstümmelte Wörter VW[5]	.94	18.37	7.22	–	–	25.76	9.01
Zahlensymbole ZS	.88	9.82	6.30	12.81	5.81	15.73	7.30
Homonyme HO[4]	.91	13.39	6.33	19.12	6.54	20.50	7.60
Analogien AT[1]	.94	–	–	54.22	16.99	–	–
Street Gestalt SG[1]	.75	–	–	16.90	3.46	–	–
Lücken LU[2]	.68	15.26	3.45	15.11	3.30	15.70	3.20
Wortschatztest WST[3]	.93	29.97	10.52	33.66	10.89	37.80	11.10

* Kuder-Richardson Formel 20

[1] Nur 1970 verwendet   [4] 1971 und 1972 verwendet
[2] Nur 1971 verwendet   [5] Nur 1972 verwendet
[3] 1970 und 1971 verwendet

der Aufnahme beeinflussen dürfen. Im Kanton Basel waren alle Schüler der Übertrittsjahrgänge (Ende 4. Klasse 1971, Anfang 5. Klasse 1970) am Versuch beteiligt. An den übrigen Orten nur die an der obligatorischen Prüfung für den Übertritt ins Gymnasium teilnehmenden Kandidaten (Kanton Luzern Ende der 5. Klasse 1970 und 1971, Kanton Zürich Ende der 6. Klasse 1971 und 1972). Bei allen Schulen handelte es sich um Vollerhebungen. Außer bei einer Mädchenschule schwankt der Anteil der Knaben zwischen 66% und 45%.

Ansätze zur Evaluation von Ausleseverfahren

Die Entwicklung und Durchführung von Tests ist mit einem erheblichen Aufwand verbunden. Lehrer und Schüler sind geteilter Meinung über den Wert. Die objektive Beurteilung ist nicht ganz so einfach. Auch Experten wie *Vernon* (1964) sind sehr vorsichtig, wenn sie zum Schlusse kommen (S. 170): »More research is needed into ›old-type‹ and other forms of examination or assessment (including intelligence tests) which, without loss in prediction efficiency or undue unreliability in scoring, might have beneficial rather than harmful backwash effects.« Und S. 172: »There is little to choose between the overall validities of various combinations of tests, examinations and estimates; but the intelligence test is so consistently successful that it should not be dispensed with (though it might be improved).« *Undeutsch* (1971) kommt in seinem Gutachten zum Schluß (S. 400): »Für die Vorauslese für weiterführende Schulen in den Zeitpunkten, in denen ein Übergang zu weiterführenden Schulen möglich ist (4., 6., 8. Schuljahr und in der Abschlußklasse der Mittelschule), wird dringend die Verwendung standardisierter und erprobter psychologischer Tests zur Ermittlung der Begabungshöhe und -richtung, der Arbeitshaltung usw. empfohlen. Sie sind allen anderen Auslesemethoden weitaus überlegen.« Auch *Ingenkamp* (1971) befürwortet die Verwendung von Intelligenz- und Eignungstests für prognostische Zwecke. Er führt aus (S. 418): »Im englischen Schulwesen, wo bereits das Grundschullehrerurteil durch Tests ergänzt wird und auch der Sekundarschulerfolg bei der Anwendung von Vergleichstests nicht ein so unsicheres, weil von Klasse zu Klasse schwankendes Außenkriterium darstellt, wie bei uns, fand Pidgeon Korrelationen von .90 zwischen Intelligenztests und späterem Schulerfolg.

Durch Einbezug des (objektivierten) Grundschulurteils und zweier Schulleistungstests konnte die prognostische Validität auf .929 erhöht werden (Pidgeon). Eine Begabungsauslese von so hoher Gültigkeit wird mit schulinternen Kriterien auch nicht annähernd erreicht.« Zu einem andern Standpunkt kommt *Tent* (1969) in seiner Feststellung (S. 164): »Die Ergebnisse der bisherigen Untersuchungen zeigen, daß die Auslese, wie sie unter den heutigen Bedingungen gehandhabt wird, völlig unzureichend ist und es auch bleiben würde, wenn man psychologische Testverfahren dazu benutzte, ohne zugleich anderes mit zu ändern. Diese Verfahren sind zwar in der Regel der schulischen Leistungsbeurteilung instrumentell überlegen. Doch selbst bei optimaler Informationsausschöpfung reichen sie nicht aus, um den Anteil der Fehlurteile auf ein erträgliches, unvermeidbares Maß herabzudrücken.«

Auch *Gendre* (1971) kommt zu keinem ermutigenden Resultat, denn er findet (S. 165):

»Diese Studie hat gezeigt, daß die vorangegangenen Schulnoten bessere Prediktoren für die ersten beiden Jahre liefern, während die BASC (Batterie d'Aptitudes Scolaires Collectives) bessere langfristige Voraussagen leistet. Die Validitäten werden jedoch in dem Maße wie die Zeit vergeht erheblich niedriger, und die Fremdsprachenleistungen sind praktisch nicht vorhersagbar. Diese Ergebnisse veranlassen uns, die grundsätzliche Frage nach der schulischen Auslese aufzuwerfen und die Bemühungen um die Entwicklung von individualisierenden Unterrichtsmethoden zu unterstützen.« [Übers. d. Hrsg.]

Cronbach/Gleser (1965) haben von entscheidungstheoretischen Ansätzen aus das Evaluationsproblem der schulischen Auslese analysiert. Nach ihnen geht es darum, eine Entscheidung zu treffen, d. h. die Schüler auf Grund von Meßwerten Gruppen zuzuordnen, welche verschiedenen Unterricht erhalten. Die Art des Unterrichts und die Zuteilungsquoten sind in der Praxis meist fixiert. Der Beitrag des Auswahlkriteriums an die Zuordnungsentscheidung besteht nicht allein aus der Enge des Zusammenhangs zwischen Auslesekriterium und Unterrichtserfolg (Validität bzw. Gütekriterium r_{tc}), sondern aus dem Regressionskoeffizienten $\delta_e r_{tc}$.

Die Standardabweichung für den »payoff« (δ_e) ist eine mitzuberücksichtigende Größe. Unter »payoff« im Bildungswesen ist die jedem Kriteriumswert zugeordnete mit der Wahrscheinlichkeit gewichtete Summe von Abschlußmöglichkeiten, Befriedigung von Interessen,

Förderung der Motivation usw. zu verstehen. Der »payoff« ist natürlich für die Schule als Institution eine ganz andere Größe als für ein Individuum. Obschon die Evaluation von Ausleseverfahren wohl kaum in dieser Weise konkret durchgeführt wird, geben die Überlegungen dieser Autoren doch recht interessante Aufschlüsse. Bei einem Auslesekriterium, das für alle Unterrichtsgruppen die gleiche Gültigkeit hat (wie z. B. allgemeine Intelligenztests) wird die Güte der Auslese durch die Variationsbreite des »payoff« bestimmt. Daher warnen *Cronbach* und *Gleser* vor der alleinigen Betrachtung des Zusammenhangs von Auslese- mit Erfolgskriterium (S. 142): »The correlation of .85 more or less, between prediction and grammar school success in England is far less significant than it seems at first glance, . . .« und weiter unten: »There must be attributes (methods of problem solving? preference for abstract thought? character traits? interests?) which are more relevant to one mode of instruction than the other. The slopes of payoff functions for these qualities will be less steep than for the general tests, but the difference in slope from treatment to treatment and the benefit from testing will be greater.« Die Möglichkeit, die Güte von Zuordnungen zu Unterrichtsarten in so grundlegender Weise zu bestimmen, besteht praktisch nicht, weil für das Erfolgskriterium keine über die Schultypen hinausgreifende und vergleichbare Daten vorhanden sind. Abschlußnoten des Gymnasiums sind nicht mit den Noten eines andern Schultyps vergleichbar. Es fehlt die Möglichkeit festzustellen, in welchem Maße falsch zugeordnete Schüler z. B. im Gymnasium erfolgreich gewesen wären.

Es wird uns nur möglich sein zu bestimmen, in welchem Maße – bei optimaler Ausschöpfung der uns im Datenmaterial verfügbaren Information – es möglich ist, die Erfolgreichen von den Nicht-Erfolgreichen zu unterscheiden. Wenn dies möglich sein sollte, kann man sich fragen, ob die Schulleistungen und Tests, welche dazu am meisten beitragen, den Intentionen, welche mit der Auslese verfolgt werden, entsprechen.

Wir werden demnach, mit Hilfe der Diskriminanzanalyse, die Zuordnung zu verschiedenen Unterrichtserfolgsgruppen, wie sie sich nach mehreren Jahren des Unterrichts gebildet haben, aufgrund der vom Unterricht unbeeinflußten Auslesedaten im Nachhinein erneut versuchen.

Damit die Zahl der richtigen Zuordnungen hoch wird, ist es unbe-

dingt notwendig, daß die Schüler einer Gruppe, z. B. der erfolgreichen Gymnasiasten, in einem oder mehreren von uns erfaßten Merkmal sich sehr deutlich von allen andern Gruppen unterscheiden und unter sich sehr ähnlich sind. Je weniger das der Fall ist, umso schwieriger fällt es, mehr als nur zufällig richtig zuzuordnen.
In welchem Grad die einzelnen Test- und Schulresultate dabei berücksichtigt werden, ist nur von der sich im Zeitpunkt der Betrachtung herausgebildeten Gruppierung abhängig. Die Berechnungen sind so, daß keine andere Verwendung derselben Resultate als eine Menge unabhängiger Informationen eine kleinere Anzahl von Fehlzuordnungen ergibt (vgl. *Janke* 1968, *Cooley/Lohnes* 1971).
Der Vergleich solcher, für die optimale Zuordnung berechneter Trennfunktionen für verschiedene Zeitpunkte kann u. U. Einblick in die Auswirkungen der negativen Selektion geben, welche dazu führen, daß für die Voraussage des Schulerfolgs am Ende der ersten zwei Gymnasialjahre Schuldaten bessere Prädiktoren sind, Intelligenzleistungen aber für längere Zeiträume nicht sehr zuverlässige aber doch bessere Voraussagen erlauben, wie es *Gendre* (1971) gefunden hat.

Erste Ergebnisse

Die zuletzt geschilderte Art von Längsschnittuntersuchungen erstrecken sich naturgemäß über längere Zeiträume. Nachdem die Schul- und Testresultate vor dem Übertritt in einen der Mittelstufentypen erhoben wurden, gilt es die sich in mehreren Jahren Unterricht und Selektion herausbildenden Gruppierungen zu verfolgen. Als ersten Schritt untersuchten wir einmal, in welcher Weise die einzelnen Testresultate hätten gewichtet werden müssen, um die Gruppenbildung, wie sie sich durch die Auslese der Schule ergeben hatte, mit den Tests nachvollziehen zu können. Dabei ergab sich ein Resultat, das in so ausgeprägter Weise nicht erwartet worden war und für das weitere Vorgehen sehr weitgehende methodische Konsequenzen hat. Wir beschränken uns bei der Darstellung nur auf einen einzelnen Kanton, weil hier das Phänomen besonders klar und deutlich dargestellt werden kann.
Die Auslese der Schüler für das Gymnasium erfolgte aufgrund von obligatorischen Schulprüfungen am Ende der 5. Klasse. Die Kandidaten wurden aufgrund der Prüfungsleistungen in einem Aufsatz, in

sprachlichen Formübungen, schriftlichem und mündlichem Rechnen entweder aufgenommen oder abgelehnt. Die Prüfungsaufgaben, die Korrektur und die Bewertung wurden in allen Gymnasien des Kantons gleichzeitig durchgeführt und von einer zentralen Prüfungskommission entwickelt und geleitet.

Die Anmeldung zur Prüfung wurde nur bei einem vorher festgesetzten Notendurchschnitt und keiner ungenügenden Note in den Hauptfächern der Grundschule berücksichtigt. Leider konnten wir nur bei dieser vorselektierten Schülergruppe unsere Tests als nicht zu berücksichtigender Bestandteil der Prüfung durchführen. Ein kleiner Prozentsatz der Kandidaten versuchte den Übertritt am Ende der 6. Klasse.

Für 1970 erhielten wir folgende Resultate (Eine ausführliche Beschreibung der Methoden und Resultate wurde von *Hürsch* (1972) in einem unveröffentlichten Bericht gegeben.):

Tabelle 2: Zuordnungsversuch aufgrund der Resultate von Intelligenztests zu den von der Schule gebildeten Gruppen der Aufgenommenen bzw. Abgelehnten in Prozenten (N=794).

	Aufgenommen	Abgelehnt	Total
Zuordnung zu aufgenommen	70	5	75
Zuordnung zu abgelehnt	18	7	25
Total	88	12	100

Obwohl das ungleiche Verhältnis der Anteile der beiden Gruppen berücksichtigt wurde, erhielten wir nur 77% richtige Zuordnungen, wobei eher die Aufgenommenen fälschlicherweise durch die Tests abgelehnt wurden. Nur 14% der Information über individuelle Differenzen ließen sich zur Bestimmung der Gruppenzugehörigkeit verwenden.

Betrachtete man die einzelnen Gymnasien, ergab sich eine etwas verbesserte Trefferwahrscheinlichkeit, trotz der zum Teil stark reduzierten Umfänge der Schülerpopulationen. Die Anteile der für die Unterschiede zwischen den Gruppen verantwortlichen Information war in fünf der sieben Schulen höher. In zwei Schulen war zwischen den beiden Gruppen kein signifikanter Unterschied in den Testresultaten festzustellen. Daraus folgt, daß trotz des einheitlichen Modus der Aufnahmeentscheidung die Schulen in bezug auf Intelligenzleistungen unterschiedliche Kriterien zur Auslese angewandt haben.

Das kommt auch darin zum Ausdruck, daß die Wichtigkeit der einzelnen Tests zur Bestimmung der besten Trennfunktion von Schulort zu Schulort schwankt. Ein Übereinstimmungskoeffizient W für die nach Wichtigkeit in Rangfolgen gebrachten Tests (*Siegel* 1956) ergibt einen geringen Wert von .34. Die Resultate von 1971 ergaben keine wesentlich anderen Ergebnisse.

Dabei ist unsere Testbatterie durchaus mit einem erprobten Testverfahren vergleichbar. In einem andern Kanton sind die Ergebnisse mit dem PSB von *Horn* im wesentlichen mit unserem gleichzeitig durchgeführten BÜT identisch.

Da die Einzugsgebiete der betrachteten Schulen große sozioökonomische und geographische Unterschiede und auch in bezug auf Ausbau der Schulen einen sehr ungleichen Standard aufweisen, kann die Aufnahmepraxis dadurch stark beeinflußt sein. Unser Versuch der Evaluation der Auslese muß daher die Schüler nicht nur einem Schultyp, sondern auch ganz bestimmten Schulen zuordnen. Es ist anzunehmen, daß eine Interaktion zwischen Schultyp und Schulort besteht, deren Einfluß zu bestimmen ist. Was in einem Kanton festzustellen ist, dürfte noch viel mehr für die ganze deutsche Schweiz zutreffen.

Ausblick

Der schlechte Zusammenhang des Aufnahmekriteriums der Schule mit unseren Testresultaten ist nicht ungewöhnlich. Test- und Schulprüfungen messen nicht identische Leistungsfähigkeiten. Daher lassen sich keine zuverlässigen Zuordnungen vollziehen. Denn die Testresultate enthalten wesentliche Informationen nicht, welche den Schulentscheid beeinflußten. Da Intelligenztests, sobald sie nicht ganz simple Fertigkeiten erfassen, meist einen schwachen Zusammenhang mit Schulleistungen zeigen, liegt die Annahme nahe, daß bei den Schulleistungen noch andere nicht-kognitive Variablen eine Bedeutung haben. Der BÜT ist auch so zusammengestellt, daß ein weites Spektrum intellektueller Fähigkeiten abgedeckt wird. Doch möchten wir mit *Vernon* (1964) folgende Warnung aussprechen (S. 173): »Psychologists should not claim that they are measuring purely innate ability in contrasts to acquired attainments.«

Die Tatsache, daß die Auslesepraxis zu Unterschieden zwischen den Schulen führt, stellt ein wesentliches Ziel der Auslese in Frage. Die Schüler sollen demjenigen Unterricht zugeordnet werden, für welchen sie die besten Voraussetzungen besitzen. Das Minimum an Voraussetzungen wird durch die Mindestanforderung an die Prüfungsleistungen festgesetzt und der Unterricht als zum voraus fixiert betrachtet. Daß aber eine befriedigende Prognose nicht möglich ist, auch mit Tests, scheint nach den obigen Ausführungen deutlich geworden zu sein.

Statt das Unmögliche zu versuchen, wäre es sicher sinnvoller, den Unterricht den Gegebenheiten anzupassen. Den Tests fiele dann die Rolle zu, für eine gegebene Gruppe die notwendigen Lernschritte zu diagnostizieren. Der Unterricht wäre der Gruppe anzupassen und nicht umgekehrt. Dies bedingt aber eine intensive Erforschung der Zusammenhänge zwischen Fähigkeiten und Unterricht. Schulreformen in dieser Richtung haben auch viel größere Chancen, realisiert werden zu können, als die Veränderungen der organisatorischen Strukturen.

Die Unterschiede der getätigten Auslese zwischen den Schulen zeigen auch, daß es praktisch unmöglich sein wird, hoch valide Auslesemethoden zu konstruieren, denn dann müßten einheitliche und ausformulierte Zielvorstellungen existieren, woraufhin ein Instrumentarium und Entscheidungsstrategien entwickelt werden könnten. Ein Ergebnis unserer Untersuchung wird daher auch der Vorschlag solcher Vorstellungen sein, und nicht einfach eine Methode zur besseren Voraussage des Schulerfolgs in der bestehenden Schule. Eine wesentliche Reduzierung der Versager nur durch die Mitverwendung von Tests in der Auslese zu erreichen, ist auch darum unwahrscheinlich, weil über alle die Bedingungen, welche nach der Auslese einwirken, nichts gesagt werden kann.

Cooley, V. W./Lohnes, P. R.: Multivariate data analysis. New York 1971
Cronbach, L. J./Gleser, Goldine C.: Psychological tests and personnel decisions. Urbana 1965
Egger, E. (Hrsg.): Bildungspolitik, Mittelschule von morgen. Jahrbuch der Schweiz. Konferenz der kant. Erziehungsdirektoren, Jahrgang 58, 1972
Gendre, F.: Etude longitudinale de la validité de la BASC forme B. In: Schweiz. Ztschr. f. Psychologie 30 (1971) 165–190
Horn, W.: Prüfsystem für Schul- und Bildungsberatung P-S-B. Göttingen 1969
Hürsch, L.: Ein Versuch einer Analyse von Aufnahmekriterien verschiedener Gymnasien der Deutschen Schweiz mit multivariaten Methoden. Vervielfältigter Bericht der Forschungsabt. des Psychologischen Instituts der Universität Bern für Begabungs- und Bildungsfragen, Sennweg 2, 3012 Bern (1972)
Ingenkamp, K.: Möglichkeiten und Grenzen des Lehrerurteils und der Schultests. In: Roth, H. (Hrsg.): Begabung und Lernen. Stuttgart 1971
Janke, W.: Grundlagen der Klassifikation. In: Irle, M. (Hrsg.): Bericht über den 26. Kongreß der Deutschen Gesellschaft für Psychologie, Tübingen 1968; Göttingen 1969
Jenny, H.: Kantonschulen und Töchtergymnasium der Stadt Luzern. Schülerzahlen am Beginn des Schuljahres 1972/73 und Studienerfolg 1971/72. Unveröffentlichter Bericht
Meili, R.: Die faktorenanalytische Interpretation der Intelligenz. In: Schweiz. Ztschr. f. Psychologie 23 (1964)
Mittelschulstatistik 1971. Erziehungsdirektion des Kantons Zürich, Pädagogische Abt. Bildungsplanung und Bildungsstatistik, Heft 6, Januar 1972, bearbeitet von S. Delmore/J. Diener/U. P. Trier
Pidgeon, D. A.: Pädagogische Forschung in England und Wales. In: E. Lemberg (Hrsg.): Das Bildungswesen als Gegenstand der Forschung. Heidelberg 1963, S. 202–232
Siegel, S.: Nonparametric statistics for the behavioral sciences. New York 1956
Tent, L.: Auslese von Schülern für weiterführende Schulen. Göttingen 1969
Undeutsch, U.: Zum Problem der begabungsgerechten Auslese beim Eintritt in die höhere Schule während der Schulzeit. In: Roth, H. (Hrsg.): Begabung und Lernen. Stuttgart 1968, S. 377–405
Vernon, P. E.: Secondary school selection. London 1957

Testdaten und Schulnoten beim Eintritt in die differenzierte Orientierungsstufe – geschlechts- und sozialschichtspezifische Analysen

Wolfgang Royl/Ralf Schwarzer

1. Fragestellungen

Die Lernerfolgsdiagnose beruht im allgemeinen auf zwei Arten von Meßinstrumenten: das eine »Instrument« ist der Lehrer, der die Schüler aufgrund ihrer manifesten Leistung einschätzt und dieses Rating mit Hilfe von Ziffern (Schulnoten) kodiert; das andere Instrument ist der Test – insbesondere der lehrzielorientierte Test –, der sicher objektiver, zuverlässiger und gültiger als der Lehrer eine Quantifizierung der Schülerleistung ermöglicht *(Ingenkamp/Marsolek* 1968). Messungen sind mit Fehlern behaftet. Daß verschiedene Fehler mehr oder weniger systematisch in das Lehrerurteil eingehen, hat eine Reihe empirischer Untersuchungen in den letzten Jahren nachgewiesen *(Höhn* 1967, *Kemmler* 1967, *Hofer* 1969, *Kleiter* 1973a, *Ulich/Mertens* 1973). Neben Fehlern, die durch implizite Persönlichkeitstheorien, Fixierungen auf bestimmte Bezugsgruppen (Referenzfehler) und durch Stereotypisierungen (Halo-Effekt) bedingt sind, wird auch auf eine allgemeine Bevorzugung von Mittelschichtkindern einerseits und Mädchen andererseits hingewiesen *(McCandless* u. a. 1972, *Carter* 1971). Während man früher angenommen hatte, daß Testverfahren – insbesondere Multiple-Choice-Tests – nicht von solchen systematischen Fehlern tangiert würden, hört man in letzter Zeit häufiger den Vorwurf, Tests favorisierten MS-Kinder, die aufgrund besseren Instruktionsverständnisses *(Schlee* 1973) und höherer Leistungsmotivation die Testaufgaben eher bewältigen könnten, obwohl sie die Lehrziele nicht anders errreicht hätten als die US-Kinder. Dieser Fall kann als Beispiel betrachtet werden, weil sich negative Urteilstendenzen bei Personen, die US-Kinder generell favo-

risieren, auch zuungunsten von MS-Kindern auswirken können. Aufgrund der noch offenen Diskussion schien es der Mühe wert zu sein, mit Hilfe einer empirischen Untersuchung einen Beitrag zu liefern, der die Fragestellungen in einem Teilbereich zu beantworten sucht:
a) Werden Jungen oder Mädchen bei der Vergabe von Schulnoten favorisiert?
b) Werden MS-Kinder oder US-Kinder bei der Vergabe von Schulnoten favorisiert?
c) Sind die (hier verwendeten) lehrzielorientierten Tests sozialschichtabhängig?

Eingeschränkt wird die Untersuchung auf die Fächer Deutsch und Mathematik, auf das Bundesland Schleswig-Holstein und auf den Zeitpunkt des Übergangs von der Grundschule auf die Orientierungsstufe.

2. Die Variablen und das Instrumentarium

2.1. Als *Schulnoten* wurden die Zensuren in Deutsch und Mathematik übernommen, die zum Abschluß des 4. Grundschuljahres von den Lehrern vergeben wurden. Wenn auch unterschiedliche Normlagen innerhalb der Klassen zu Referenzfehlern führen (vgl. *Kleiter* 1973b), so kann man doch annehmen, daß sich diese Fehler bei einem N von 64 Klassen (s. u.) gegenseitig aufheben. Wichtig ist, daß Grundschulnoten und nicht Benotungen aus verschiedenen Schularten verrechnet wurden, weil letztere nicht miteinander vergleichbar wären* (vgl. *Löschenkohl* 1973, S. 150).

2.2. Als *lehrzielorientierte Tests* wurden Verfahren entwickelt, die die Eingangsvoraussetzungen für die Fächer Deutsch und Mathematik beim Eintritt in das 5. Schuljahr erfassen sollen. Diese beiden Eingangstests, der DE 500 und der ME 500, haben die Aufgabe festzustellen, mit welchen Grundkenntnissen, auf denen eine zukünftige Curriculumentwicklung aufbauen muß, Schüler aus der 4. Klasse der Grundschule an die weiterführenden Schulen abgegeben werden (vgl. *Royl* 1973, *Jochimsen* 1973, *Weinnoldt* 1973). Der DE

---

* Im Verlauf der Untersuchung wurden u. a. Mittelwerte von Zensuren gebildet. Die Problematik der fehlenden metrischen Eigenschaften der Notenskala ist bekannt (vgl. *Bredenkamp* 1972, S. 132; vgl. auch *Tent* 1969, S. 53 ff.). Die Möglichkeit neuer Hypothesenbildung wird jedoch über skalentheoretische Skrupel gestellt.

500 besteht aus 80 Items; für ihn konnte eine Split-Half-Reliabilität mit Spearman-Brown-Korrektur von r_{tt} = .89 ermittelt werden, für Verfahren dieser Art ein sehr guter Wert. Der ME 500 besteht aus 34 Items; für ihn ließ sich eine entsprechende Halbierungszuverlässigkeit von r_{tt} = .78 errechnen.

2.3. Zur Kontrolle der allgemeinen *Lernfähigkeit* (Intelligenz) wurden vier Untertests des Prüfsystems für Schul- und Bildungsberatung zusätzlich administriert (P-S-B). Der kombinierte Untertest 1 + 2 mißt die sprachgebundene Allgemeinbildung, und die Untertests 3 und 4 erfassen Aspekte der Denkfähigkeit (reasoning) (vgl. *Horn* 1969).

2.4. Der *Sozialstatus* wurde aufgrund des Berufs des Vaters geschätzt, wobei die Klassifikation von *Moore/Kleining* verwendet wurde. Die fünf Stufen waren: 1= obere MS, 2= mittlere MS, 3= untere MS, 4 = obere US, 5 = untere US. Da die Abstufung von 1 bis 5 eher überdifferenziert und fehleranfällig zu sein scheint, entschieden wir uns für eine Dichotomisierung nach Mittelschicht (1, 2, 3) und Unterschicht (4, 5), wobei die Stichprobe nahezu hälftig aufgeteilt werden konnte: 54 % MS- und 46 % US-Kinder (weitere Relationen s. u.).

3. Die Stichprobe

Im Schuljahr 1972/73 wurde eine Zufallsstichprobe von 64 Schulklassen aus der Grundgesamtheit der 5. Klassen in der Orientierungsstufe Schleswig-Holstein gezogen. Da die Orientierungsstufe in diesem Lande nicht integrativ, sondern schulartbezogen organisiert ist, wurden die drei *Schularten* entsprechend berücksichtigt.

Dabei entfielen auf
die Hauptschule 488,
die Realschule 695 und auf
das Gymnasium 574 Schüler.
Insgesamt umfaßte die Stichprobe 1757 Schüler.

Die Aufteilung nach *Geschlechtern* ergab 885 Jungen und 872 Mädchen, diejenige nach dem Sozialstatus 945 MS-Kinder und 812 US-Kinder. Für spätere Verrechnungen wurden 12 Zellen gebildet (3 × 2 × 2 – Design), in die folgende Häufigkeiten eingingen (vgl. Tabelle 1).

Tabelle 1:

	Hauptschule		Realschule		Gymnasium	
	männlich	weiblich	männlich	weiblich	männlich	weiblich
Mittelschicht	82	56	141	199	250	217
Unterschicht	190	160	161	194	61	46

4. Ergebnisse[**]

4.1. Um festzustellen, ob Jungen oder Mädchen bei der Vergabe von Schulnoten favorisiert werden, wurden zunächst die Mittelwerte der Deutsch- und Mathematiknoten einerseits und der Testleistungen andererseits verglichen (Tabelle 2).[*]

Tabelle 2:

		DE 500	ME 500	Deutsch	Mathematik
männlich	$\bar{x}$	45.97	22.61	3.17	2.95
	s	12.58	7.06	.87	.90
weiblich	$\bar{x}$	49.63	22.18	2.87	2.96
	s	11.71	6.77	.84	.88
	t	6.31	1.30	7.26	.23
	p	<.001	>.05	<.001	>.05

Zwischen Jungen und Mädchen sind die Unterschiede in den beiden Variablen für das Fach »Deutsch« gleichsinnig und hochsignifikant, in den beiden Mathematik-Variablen sind sie nicht signifikant. Mädchen und Jungen erhalten gleich gute Mathematikzensuren und schneiden im Test auch gleich gut ab. Mädchen erhalten aber bessere Deutschzensuren. Dieser Sachverhalt korrespondiert mit der tatsächlich besseren Deutschleistung, wie sie aus den Testergebnissen sichtbar wird, und nicht mit einer allgemeinen Bevorzugung der Mädchen. Ein systematischer Fehler zugunsten der Mädchen beim

---

[*] Students t-Test (vgl. *Sachs*³ 1972, S. 212)
[**] Wir danken Herrn Dipl.-Psych. H. *Fillbrandt* für die freundliche Überlassung einiger ALGOL-Rechenprogramme

Test liegt nicht vor, vielmehr sind die besseren Testleistungen und Schulnoten mit dem höheren Intelligenzniveau* der Mädchen im Zusammenhang zu sehen, das als ein allgemeiner Entwicklungsvorsprung in diesem Alter interpretiert werden kann (vgl. *Klauer* 1970, *Knoche* 1969, *Tent* 1969, S. 85).
4.2. Ob MS-Kinder oder US-Kinder bei der Vergabe von Schulnoten favorisiert werden, wird durch den Sozialschichtvergleich untersucht (vgl. Tabelle 3).

Tabelle 3:

		DE 500	ME 500	Deutsch	Mathematik
MS	$\bar{x}$	50.12	23.36	2.34	2.76
	s	12.02	7.10	.82	.84
US	$\bar{x}$	45.06	21.03	3.27	3.20
	s	12.03	7.06	.87	.89
	t	8.79	6.88	21.88	10.35
	p	<.001	<.001	<.001	<.001

Alle Unterschiede sind hochsignifikant. Die MS-Kinder übertreffen die US-Kinder in den vier Variablen eindeutig. Unter der Voraussetzung, daß die Tests keinem Sozialschichtbias unterliegen, korrespondiert die Beurteilung der Lehrer mit der tatsächlichen Leistung der Schüler.
4.3. Es soll erörtert werden, ob die Voraussetzung aufrechterhalten werden kann, daß die verwendeten Lehrzieltests schichtneutral sind.
Wenn man die Verteilung der MS-Kinder auf die Schularten betrachtet, dann fällt auf, daß allein die Hälfte dieser Schüler das Gymnasium besucht gegenüber nur 13 % der US-Kinder. Eine genauere Übersicht über die schichtspezifische Verteilung auf die Schularten geben die Abbildungen 1, 2 und 3.
Da MS-Kinder – aufgrund z. B. ihrer besonderen Sozialisationsbedingungen – im Durchschnitt intelligenter sind als US-Kinder, findet man MS-Kinder im Gymnasium über- und in der Hauptschule

---

* Auf die Wiedergabe der entsprechenden P-S-B-Werte wird hier verzichtet.

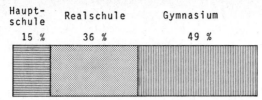

Abbildung 1: Verteilung der Mittelschichtkinder auf die Schularten

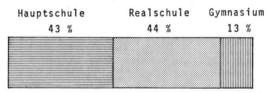

Abbildung 2: Verteilung der Unterschichtkinder auf die Schularten

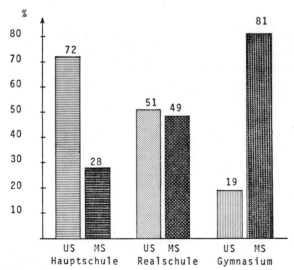

Abbildung 3: Verteilung der Sozialschichten innerhalb der Schularten

unterrepräsentiert. Diese unterschiedlichen Häufigkeiten verursachen eine entsprechende Verschiebung der Mittelwerte. Wenn man die Schularten dagegen isoliert betrachtet und damit die allgemeine Lernfähigkeit teilweise konstant hält, sind die US-Kinder den MS-Kindern nicht mehr unterlegen. Das soll zunächst für die beiden Deutschvariablen anhand von 12-Felder-Tafeln veranschaulicht werden (vgl. Tabelle 4).

Tabelle 4: Mittelwerte im DE 500*

	Hauptschule		Realschule		Gymnasium	
	männlich	weiblich	männlich	weiblich	männlich	weiblich
MS	32.82	38.05 (ss)	45.55	48.75 (ss)	55.31	58.04 (ss)
US	35.74	39.08 (ss)	46.62	50.72 (ss)	56.44	60.02 (ns)
	(s)	(ns)	(ns)	(s)	(ns)	(ns)

Es wiederholt sich das Ergebnis, daß die Mädchen im DE 500 unabhängig von Sozialschicht und Schulart besser abschneiden. Der Vorteil der MS-Kinder jedoch ist ausgeglichen: US-Kinder im Gymnasium sind mindestens ebenso gut wenn nicht besser als MS-Kinder im Gymnasium. Für Jungen in der Hauptschule und Mädchen in der Realschule läßt sich sogar ein signifikanter Unterschied zugunsten der US-Kinder nachweisen.
Wenn der Test sozialschichtabhängig wäre, müßte er bei dieser Analyse die MS-Kinder favorisieren. Der DE 500 ist schichtneutral.
Die Tafel für die Zensuren ist in gleicher Weise angelegt (Tabelle 5)

Tabelle 5: Mittelwerte der Deutschnoten

	Hauptschule		Realschule		Gymnasium	
	männlich	weiblich	männlich	weiblich	männlich	weiblich
MS	3.89	3.73 (ns)	3.21	2.85 (ss)	2.50	2.21 (s)
US	3.96	3.68 (ss)	3.22	2.84 (ss)	2.31	2.26 (ns)
	(ns)	(ns)	(ns)	(ns)	(s)	(ns)

* Signifikanzprüfungen mit dem Wilcoxon-White-Test für unabhängige Stichproben (vgl. *Mittenecker* 1966).

Die Deutschnoten liegen für die Mädchen erwartungsgemäß günstiger[*] und benachteiligen keine Sozialschicht. Der Trend zeigt eine gute Übereinstimmung zwischen Testergebnissen und Schulnoten. Das Lehrerurteil fällt offenbar nicht systematisch zugunsten der MS-Kinder aus.
Auch für die Mathematik-Variablen wurden entsprechende 12-Felder-Tafeln angelegt (Tabelle 6 und 7).

Tabelle 6: Mittelwerte im ME 500

	Hauptschule		Realschule		Gymnasium	
	männlich	weiblich	männlich	weiblich	männlich	weiblich
MS	17.18	16.80	22.05	21.78	27.03	26.35
US	18.04	17.59	22.53	22.37	27.49	25.89

Tabelle 7: Mittelwerte der Mathematiknoten

	Hauptschule		Realschule		Gymnasium	
	männlich	weiblich	männlich	weiblich	männlich	weiblich
MS	3.57	3.75	2.86	2.93	2.36	2.35
US	3.70	3.77	2.95	2.93	2.36	2.30

In beiden Tafeln gibt es innerhalb einer Schulart keine signifikanten Unterschiede – weder hinsichtlich des Geschlechts noch im Hinblick auf den Sozialstatus.
Auch hier wird also zunächst das Ergebnis bestätigt, daß Jungen und Mädchen gleich gut in Mathematik abschneiden. Hinsichtlich des Vorteils der MS-Kinder ergibt sich wiederum eine Änderung bei Konstanthaltung des Faktors Schulart: es gibt keine signifikanten schichtspezifischen Unterschiede. Innerhalb einer Schulart sind US-Kinder genauso gut wie MS-Kinder. Das Instrument ME 500 ist offensichtlich schichtneutral.

[*] Höhere Mittelwerte bedeuten schlechtere Zensuren

5. Intelligenz und Schulleistung

Nicht die MS-Zugehörigkeit an sich, sondern das größere intellektuelle Potential der MS-Kinder ruft die Leistungsdifferenzen hervor. Das wird noch einmal anhand der Mittelwerte der drei P-S-B-Variablen in den beiden Schichten deutlich (vgl. Tabelle 8).

Tabelle 8:

		PSB 1+2	PSB 3	PSB 4	(C-Werte)
MS	$\bar{x}$	5.81	6.00	6.12	
	s	1.82	1.85	1.97	
US	$\bar{x}$	5.22	5.28	5.45	
	s	1.89	1.90	2.10	
	t	6.64	7.95	6.84	
	p	<.001	<.001	<.001	

In den drei Intelligenzvariablen sind die Mittelschichtkinder also den Unterschichtkindern hochsignifikant überlegen. Daher darf es nicht verwundern, wenn auch die Lehrzieltestleistungen und Schulnoten für die erste Gruppe günstiger ausfallen, Intelligenz und Schulleistung sind ja bekanntlich miteinander korreliert. In welchem Ausmaß dies hier der Fall ist, soll im folgenden dargestellt werden. Es handelt sich dabei um die multiplen und nicht die einfachen Korrelationskoeffizienten, weil nicht alle P-S-B-Untertests eingesetzt worden waren, aus denen man dann einen Intelligenzgesamtwert (»IQ«) hätte bilden können, sondern die drei P-S-B-Variablen werden als Prediktoren linear kombiniert und deren multiple Korrelation mit jeder der vier Schulleistungsvariablen wird getrennt berechnet. Dieser Vorgang wiederum geschieht getrennt nach den beiden Sozialschichten. Die entsprechenden Koeffizienten der durch die P-S-B-Variablen definierten allgemeinen Lernfähigkeit mit dem Deutschtest betragen .62 bzw. .61, mit der Deutschnote .60 bzw. .56, mit dem Mathematiktest .51 bzw. .53 und mit der Mathematiknote .47 bzw. .45. Aus den Beta-Gewichten wird für jede Beziehung ersichtlich, welche Intelligenzvariable den höchsten Beitrag für die Vorhersage der Schulleistung liefert.

Tabelle 9: Multiple Regressionsanalyse

	Beta-Gewichte der Prediktoren			Multipler Korrelationskoeffizient mit den Kriterien	
	PSB 1 + 2	3	4	DE 500 Deutschnote	ME 500 Mathem.-Note
MS	.49	.11	.18	.62	
	−.52	−.03	−.13	.60	
	.25	.15	.25		.51
	−.23	−.17	−.20		.47
US	.44	.08	.23	.61	
	−.50	.04	−.15	.56	
	.20	.17	.29		.53
	−.16	−.17	−.24		.45

Eine Bestätigung der oben postulierten weitgehenden Schichtneutralität der Lehrzieltests soll durch die Analyse der korrelativen Zusammenhänge zwischen Intelligenz, Schulleistung und Sozialschichtzugehörigkeit geliefert werden. Die Variable »Sozialschicht« wurde nicht nur für die Aufteilung von Datensätzen zur Prüfung von Unterschieden verwendet, sondern ebenfalls als Alternativmerkmal für die Berechnung von Korrelationskoeffizienten. Die Mittelschichtkinder erhielten eine »1« als Variablenwert, und die Unterschichtzugehörigkeit wurde mit »0« kodiert. Diese dichotome Variable ließ sich dann mit den kontinuierlichen Variablen korrelieren (punktbiseriale Korrelation). Tabelle 10 zeigt die Korrelationskoeffizienten zwischen Sozialstatus und anderen Variablen.

Tabelle 10:

	männlich (N= 885)	weiblich (N = 872)
PSB 1+2	.24	.14
PSB 3	.24	.18
PSB 4	.27	.13
DE 500	.31	.16
ME 500	.28	.17
Deutschnote	−.37	−.23
Math.-Note	−.36	−.22

Wichtig ist nun für die Überprüfung der Sozialschichtneutralität die Ausschaltung des Intelligenzeinflusses auf den Zusammenhang zwischen Schulleistungen und Sozialstatus. Das ist weiter oben tendenziell durch die Konstanthaltung der Schularten geschehen. Bei Vorliegen aller Korrelationskoeffizienten läßt sich ein eleganteres Verfahren realisieren: die Auspartialisierung der Intelligenz (multiple partielle Korrelationen). Wenn der Einfluß der durch die drei P-S-B-Variablen erfaßten Lernfähigkeit statistisch entfernt wird, sind die Korrelationen zwischen Schulleistung und Sozialstatus reduziert (vgl. Tabelle 11).

Tabelle 11: Multiple partielle Korrelationen

	männlich	weiblich
DE 500	.17 (.31)	.07 (.16)
ME 500	.13 (.28)	.09 (.17)
Deutschnote	−.27 (−.37)	−.17 (−.23)
Math.-Note	−.25 (−.36)	−.15 (−.22)

Die Analyse erfolgte für beide Geschlechter getrennt. In den Klammern stehen zum Vergleich die schon bekannten Koeffizienten, in die die Intelligenz mit eingegangen ist. Die Ergebnisse bestätigen die Vermutungen, zu denen weiter oben die Konstanthaltung der Schulart Anlaß gegeben haben.

Die neuen Korrelationskoeffizienten sind zwar immer noch mindestens auf dem 5%-Niveau *statistisch* signifikant (was bei so vielen Personen trivial ist), jedoch sind sie nicht mehr *praktisch* signifikant, d. h. daß die gemeinsame Varianz wegen ihrer Geringfügigkeit vernachlässigt werden kann. So macht z. B. bei den Jungen die gemeinsame Varianz von DE 500 und Sozialstatus knapp 3 % aus (Determinationskoeffizient r^2). Beim ME 500 und bei den Mädchen liegen die Anteile noch niedriger. Dieser Sachverhalt kann als zusätzliche Bestätigung der überwiegenden Schichtneutralität der beiden Lehrzieltests gelten. Bei den Schulzensuren tritt dieser Effekt durch Auspartialisierung der Intelligenz weniger deutlich auf. Es ist anhand der dargestellten Koeffizienten leicht erkennbar, daß die Schulnotenvergabe von der Sozialschichtzugehörigkeit der Jungen – wenn auch geringfügig – mitbeeinflußt wird.

Ergänzend sei mitgeteilt, daß die Wahl des Schulzweiges offenbar stärker auf der Schulleistung beruht als auf der Sozialschichtzugehörigkeit. Als Kontingenzkoeffizient zwischen Sozialstatus und Schulart wurde CC= .46, zwischen Schulart und Deutschnote im 4. Schuljahr CC= .59 errechnet. Damit soll allerdings nicht der Auffassung widersprochen werden, daß die Entwicklung der Schulleistung selbst wiederum sozialschichtspezifisch ist.

6. Zusammenfassung

Im Rahmen einer größeren empirischen Untersuchung wurden zwei lehrzielorientierte Tests entwickelt, die die Eingangsvoraussetzungen ins Sekundarschulwesen für die Fächer »Deutsch« und »Mathematik« überprüfen, ohne dabei eine soziale Gruppe in der Gesellschaft zu benachteiligen. Anhand dieser beiden schichtneutralen Tests konnte festgestellt werden, daß *Leistungstendenzen zugunsten der Mädchen im Fach Deutsch,* nicht aber im Fach Mathematik vorliegen. Testwerte und Schulnoten stimmen in unserem Fall gut überein. Beim *Gesamt*vergleich sind MS-Kinder in allen Variablen den US-Kindern überlegen. Es konnte gezeigt werden, daß die bessere allgemeine Lernfähigkeit der meisten MS-Kinder die Unterschiede hervorruft.

Innerhalb einer Schulart unterscheiden sich MS- und US-Kinder nicht hinsichtlich ihrer Leistungen oder Beurteilungen in den Fächern Deutsch und Mathematik. Die entwickelten Verfahren kommen insbesondere den Bedürfnissen der Gesamtschulpädagogen entgegen.

Literatur

Bredenkamp, J.: Der Signifikanztest in der psychologischen Forschung. Frankfurt 1972
Carter, R. S.: Wie gültig sind die durch Lehrer erteilten Zensuren? In: Ingenkamp 1971
Höhn, E.: Der schlechte Schüler. München 1967
Hofer, M.: Die Schülerpersönlichkeit im Urteil des Lehrers. Weinheim 1969
Horn, W.: Prüfsystem für Schul- und Bildungsberatung. Göttingen 1969
Ingenkamp, K. H. (Hrsg.): Die Fragwürdigkeit der Zensurengebung. Weinheim 1971

Ingenkamp, K. H./Marsolek, T. (Hrsg.): Möglichkeiten und Grenzen der Testanwendung in der Schule. Weinheim 1968

Jochimsen, I.: Planung und Durchführung schulübergreifender Lernerfolgsmessungen am Beispiel des DE 500, unv. Dipl.-Arbeit für Erz.-wissenschaft. Kiel 1973

Kemmler, L.: Erfolg und Versagen in der Grundschule. Göttingen 1967

Klauer, K. J.: Neuere Untersuchungen zur Psychologie der Zehn- bis Zwölfjährigen. In: Die Deutsche Schule (1970), S. 218 ff.

Kleiter, E.: Über Referenz-, Interaktions- und Korrelationsfehler im Lehrerurteil. In: Bildung und Erziehung, (1973a), S. 100 ff.

Kleiter, E.: Über Theorie und Modell kategorialer Fehler des Lehrerurteils. In: Psych. Beiträge 15 (1973b), S. 185–229

Knoche, W.: Jungen, Mädchen, Lehrer und Schulen im Zensurenvergleich. Weinheim 1969

Löschenkohl, E.: Gibt es einen Zusammenhang zwischen Schulleistung und Intelligenz? In: Psychologie in Erziehung und Unterricht (20) 1973, S. 145–150

McCandless/Roberts/Starnes: Teachers' Marks, Achievement Test Scores and Aptitude Relations with Respect to Social Class, Race, and Sex. In: Journal of Educational Psych. (63) 1972, S. 153–159

Mittenecker, E.: Planung und statistische Auswertung von Experimenten. Wien 1966 (6. Auflage)

Moore, H./Kleining, G.: Soziale Selbsteinstufung (SSE). Ein Instrument zur Messung sozialer Schichten. In: KZfSS (20) 1968

Royl, W.: Jahresbericht 1972 zum Projekt »Einrichtung einer Itembank zur Unterstützung der Curriculumevaluierung an Gesamtschulversuchen im Lande Schleswig-Holstein«. Kiel 1973

Sachs, L.: Statistische Auswertungsmethoden. Berlin 1972 (3. Auflage)

Schlee, J.: Sozialstatus und Sprachverständnis. Düsseldorf 1973

Tent, L.: Die Auslese von Schülern für weiterführende Schulen. Göttingen 1969

Ulich, D./Mertens, W.: Urteile über Schüler. Weinheim 1973

Weinnoldt, W.: Deutsch – Eingangstest für 5. Klassen der Orientierungsstufe. In: Royl, W. (Hrsg.): Didaktische Informationen aus Schulversuchen. München 1974

Weiß, R.: Über den Zusammenhang zwischen Intelligenz und Schulleistung. In: Schule und Psychologie (1964), S. 321–333

Pädagogische Klassifikationsentscheidungen auf der Basis lerndiagnostischer Information

Ralf Schwarzer

Vorbemerkung

In dem folgenden Diskussionsbeitrag soll eine Möglichkeit aufgezeigt werden, wie die Information aus Lernerfolgsdaten in unterrichtsorganisatorische Maßnahmen umgesetzt werden kann.

Die pädagogische Diskussion um die Differenzierungsproblematik, die besonders seit 1966 (vgl. *Yates*) im Zusammenhang mit der Gesamtschulentwicklung geführt wird, hat in letzter Zeit nicht viel Neues gebracht. Man ist sich z. B. weiterhin uneinig über das Merkmal, das einer Gruppierung zugrundegelegt werden soll, über die Streuung dieses Merkmals in der Gruppe (Homogenität vs. Heterogenität) und über die Vorhersage des Lernerfolgs in verschiedenen Gruppen. Im Gegensatz dazu gibt es in der psychologischen Diskussion über personelle Entscheidungen schon seit längerer Zeit Vorstellungen darüber, wie die Zuweisung von Individuen zu Gruppen optimiert werden kann (vgl. *Cronbach/Gleser* 1957, ^{2}1965; *Janke* 1964; *Rulon* et al. 1967). Allerdings gibt es noch eine Reihe statistischer Probleme, die eine Anwendung der möglichen Modelle auf die pädagogische Praxis erschweren. Im folgenden soll daher ein Klassifikationsmodell vorgestellt werden, das ohne Schwierigkeiten im Unterricht prinzipiell anwendbar ist. Über den tatsächlichen Erfolg kann natürlich nur eine spätere empirische Untersuchung etwas aussagen. Die personelle Entscheidung beruht hier auf diagnostischer Information, die als qualitatives Merkmal definiert ist. Es ist an eine kurzfristige flexible Differenzierung gedacht, die von der Erreichung verschiedener Lehrziele im Rahmen einer Unterrichtseinheit ausgeht. Die Lehrzielerreichung könnte mit den aktuellen Lernvoraussetzungen im Sinne von »learning sets« übereinstimmen (*Ga-*

gne/*Paradise*, nach *Flechsig* 1968). Grundsätzlich sind auch andere – z. B. nichtkognitive – Variablen denkbar, aber zur Zeit vermutlich weniger praktikabel, weil deren Erfassung erheblich komplizierter ist.

1. Das Instrument der Diagnose von Lernergebnissen

In den letzten Jahren hat sich in den Gesamtschulen für die Bestimmung der Lehrzielerreichung die Verwendung von lehrzielorientierten Tests weitgehend durchgesetzt. Damit sind aber meistens »informelle Tests« gemeint, die überwiegend aus Multiple-choice-Aufgaben bestehen und als Ersatz für die traditionellen Klassenarbeiten dienen, um die Leistungsmessung zu objektivieren. In diese Konzeption gehen stillschweigend Annahmen der klassischen Testtheorie ein, was dann besonders problematisch wird, wenn fast alle Schüler das Lehrziel erreichen. Für diesen Fall empfiehlt es sich, »Lehrzieltests« (Kriteriumstests, mastery tests) zu konzipieren. Die Diagnose von Lernergebnissen geschieht dann nach dem Kriterium, ob ein Lehrziel, das von der Stichprobe von Aufgaben repräsentiert wird, erreicht ist oder nicht. Diese kriteriumsorientierte Alternativentscheidung beruht nicht auf den herkömmlichen Vorstellungen der klassischen Testtheorie, bei der es mehr darum geht, den Ausprägungsgrad verschiedener Individuen hinsichtlich eines Persönlichkeitsmerkmals zu erfassen. Bei solchen an Realnormen orientierten Tests sind die interindividuellen Unterschiede von besonderer Bedeutung, während im anderen Fall das Lehrziel eine Idealnorm darstellt und die Schüler in die Kategorien der Erfolgreichen und der nicht Erfolgreichen eingeteilt werden. Die Lehrzielerreichung wird also nicht als eine kontinuierliche, sondern als eine diskrete Variable aufgefaßt.

Das ist für pädagogische Zwecke besonders vorteilhaft, wenn es darum geht, Schüler für die Weiterführung des Unterrichts danach zu gruppieren, inwieweit sie die Lehrziele und damit zugleich neue Lernvoraussetzungen für die nächste Unterrichtseinheit erreicht haben. Es sollte nur noch dann von einem Lehrzieltest gesprochen werden, wenn nicht die relative Position eines Schülers in einer Bezugsgruppe (Realnorm), sondern die Lehrzielerreichung als ein qualitatives Merkmal (Idealnorm) bestimmt werden soll. Wir erhalten also eine *Binärinformation*.

Die meßtheoretischen Probleme von Lehrzieltests sind im Augenblick noch nicht gelöst, obwohl es schon eine Reihe von konkurrierenden Ansätzen zur klassischen Testtheorie gibt (vgl. *Fischer* 1968, *Popham/Husek* 1969, *Merkens* 1972, *Fricke* 1972, *Klauer* u. a. 1972). Ein Beispiel für einen stochastischen Ansatz ist das binomiale Testmodell, das kürzlich hinsichtlich seiner Verwendbarkeit für lehrzielorientierte Messung von *Klauer* (1972) beschrieben worden ist. Dabei läßt sich auf einfache Weise anhand von Tabellen zufallskritisch entscheiden, ob ein Schüler das Lehrziel erreicht hat oder nicht. Allerdings wird erst die Praxis zeigen müssen, ob das Modell von schulpädagogischer Bedeutung ist, denn die notwendigen Voraussetzungen – wie z. B. die ungefähr gleiche Lösungswahrscheinlichkeit aller Items – werden sich nur selten erfüllen lassen. Die zur Zeit ungelöste Problematik der stochastischen Lehrzieltestmodelle läßt dem Schulpraktiker nichts anderes übrig, als sich mit einem relativ groben Instrument diagnostische Informationen über Lernergebnisse zu verschaffen.

2. Personelle Entscheidungen

Die Reduktion der lerndiagnostischen Information auf die Alternative, ob ein Lehrziel erreicht ist oder nicht, erweitert die Möglichkeiten praktikabler Gruppierungsentscheidungen zum Zwecke gezielter pädagogischer Maßnahmen, wie noch gezeigt wird. Es sollen hier die drei Arten personeller Entscheidungen im Sinne von *Cronbach/ Gleser* (^{2}1965) auf pädagogische Probleme angewandt werden. Wenn die diagnostische Information auf einer Variablen beruht, also eindimensional ist, und die Zuweisung zu nur einer Behandlung möglich ist, spricht man von *Selektion*. Eine Selektionsentscheidung im pädagogischen Bereich liegt z. B. dann vor, wenn ein Kind aufgrund eines Schulreifetests zum Schulbesuch zugelassen oder zurückgestellt wird. Kennzeichnend ist, daß die Information auf *einer* Variablen beruht, d. h. einem einfachen Testwert oder bei einer Testbatterie auf dem kombinierten Gesamtwert, und daß die angenommene Gruppe eine Behandlung erfährt und die abgewiesene nicht. Auch bei der *Plazierung* geht die Entscheidung auf eine einzige Dimension zurück, aber die Zuweisung erfolgt in verschiedene Valenzen einer Kriteriumsvariablen. Es wird also jede Person für irgendeine Art von Behandlung angenommen. Der Übergang von der

Grundschule in die Hauptschule, Realschule oder das Gymnasium oder die Einstufung in verschiedene Niveaukurse in einer Gesamtschule sind z. B. Plazierungsentscheidungen, denn es wird ja jeder Schüler angenommen. Selbst wenn mehrere unabhängige Variablen im Spiel sind, wie z. B. Lehrerurteil, Intelligenzwert, Elternwunsch oder auch ein Verlaufsprofil während der Orientierungsstufe, so bleibt die diagnostische Information doch eindimensional. Lediglich das Zuweisungsverfahren ist dann nicht einstufig, sondern mehrstufig (sequentiell; multi-stage testing), d. h., daß nicht mit einem Mal über alle Schüler entschieden wird, sondern zuerst über einige, dann wieder über einige und zuletzt über die »Problemfälle«.

Es ist jetzt zu fragen, welcher Entscheidungstyp auf der Basis eines Lehrzieltests im Zusammenhang mit der Differenzierung in der Gesamtschule sinnvoll ist. Der Test liefert die Binärinformation, ob das Lehrziel erreicht ist oder nicht. Man kann nun die Schüler, die das Lehrziel nicht erreicht haben, am Unterricht teilnehmen lassen und diejenigen, die das Lehrziel erreicht haben, für die Dauer dieser Phase nach Hause oder in den Freizeitraum schicken. Das wäre eine *Selektionsentscheidung*, die offenbar pädagogisch nicht sinnvoll ist. Man könnte auch für die eine Gruppe kompensatorischen und für die andere Gruppe weiterführenden Unterricht anbieten. Das wäre eine *Plazierungsentscheidung*, die wohl ungefähr der üblichen Differenzierungspraxis in der Gesamtschule entsprechen dürfte, wenn Niveaukurse eingerichtet werden. Hier soll nun ein neues Modell vorgeschlagen werden, das Entscheidungen auf der Basis von mehr Information erlaubt und dabei präzisere Lernangebote gemäß den individuellen Bedürfnissen ermöglicht. Wenn mehrere nicht miteinander kombinierte Variablen als Entscheidungsgrundlage dienen und die Personen daraufhin in verschiedene Kategorien (Kriteriumsvariablen) eingeordnet werden, spricht man von *Klassifikation*. Im Falle der bei Lehrzieltests vorliegenden Binärinformationen berechnet man die Anzahl der theoretisch möglichen Kategorien, indem man die Zahl »2« mit der Menge der Dimensionen potenziert. Man erhält also bei 2 Tests 4, bei 3 Tests 8, bei 4 Tests 16 und bei 5 Tests 32 Kategorien. Eine Verdoppelung der Dimensionen von 1 auf 2 bringt offenbar wenig Gewinn, während eine Erhöhung auf z. B. 10 Dimensionen zu 1024 Kategorien führt, die in der Praxis bei einer Jahrgangsbreite von ca. 200 Schülern natürlich niemals besetzt würden. Man müßte dann Kategorien kombinieren und nach der Profilähnlichkeit klassifizieren. Ein solches Verfahren wäre vor allem dann interessant, wenn man nach dem individuellen Aufgabenlösungsmuster (item response pattern) klassifizieren will, d. h. jedes Item als Dimension auffaßt. Aber das wirft mathematische (vgl. *Overall/Klett* 1972) und rechentechnisch-organisatorische Probleme auf, die zur Zeit ungelöst sind. Auf jeden Fall würde der Computer die Ergebnisse erst dann liefern, wenn schon die nächste Unterrichtseinheit durchgeführt wird und es für eine Gruppierung zu spät ist.

Den für die gegenwärtige Unterrichtspraxis optimalen Fall scheint das *dreidimensionale Modell* darzustellen, bei dem sich 8 Kategorien ergeben (vgl. Abbildung 1). Hier wird die diagnostische Information von 3 Lehrzieltests oder Untertests geliefert. Z. B. könnte man im Fach Englisch gegen Ende einer Unterrichtseinheit mit dem Thema »Rush Hour in London« je einen darauf bezogenen Test über »Structure«, »Comprehension« und »Translation« durchführen oder bei dem Thema »Entwicklungshilfe im Sudan« einen Test mit den Untertests »Bewässerungssystem«, »Agrargenossenschaftswe-

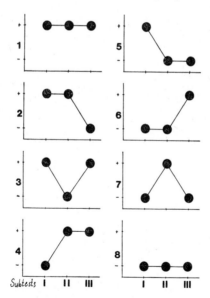

Abbildung 1: Pädagogisches Klassifikationsmodell bei dreidimensionaler diagnostischer Binärinformation

sen« und »Investitionspolitik der Engländer«. Wenn man bei der Auswertung nur die Gesamtleistung berücksichtigen wollte, hätte man die Schüler der Kategorien 2, 3 und 4 und die Schüler der Kategorien 5, 6 und 7 über einen Kamm geschoren, denn erstere hätten $2/3$ der Lehrziele und letztere $1/3$ der Lehrziele erreicht. Im Falle einer darauf folgenden Plazierungsentscheidung hätte man also 4 Niveaus, während bei der Profilauswertung 8 Kategorien entstehen, für die besondere pädagogische Maßnahmen vorgesehen werden können. Denn ein Schüler, der das Lehrziel »Comprehension« nicht erreicht hat, hat andere Lernbedürfnisse als ein Schüler, der das Lehrziel »Structure« nicht erreicht hat, obwohl beide insgesamt gleich erfolgreich waren.

Nun impliziert die Bestimmung der Kategorienzugehörigkeit nicht unbedingt, daß alle Schüler einer Kategorie eine gemeinsame Behandlung erfahren. Das ist nur dann der Fall, wenn man der Auffassung ist, daß gerade eine homogene Profildifferenzierung angeraten erscheint. Es läßt sich auch das Gegenteil denken, nämlich Schüler aus verschiedenen Kategorien zusammenzuführen, damit sie sich in heterogenen Kleingruppen gegenseitig zur Lehrzielerreichung verhelfen können. Das ist aber eine Entscheidung ganz anderer Art, die in den Kontext einer Strategie des gesamten Unterrichtsprozesses gehört.

3. *Diagnostische Information und die Selbstorganisation des Lernprozesses*

Es wird hier die Auffassung vertreten, daß der Unterricht durch einen ständigen Wechsel von Lernaktivität und Lerndiagnose gekennzeichnet sein sollte (vgl. Abbildung 2). Die erste Phase stellt einen längeren Abschnitt von einigen Wochen Unterricht dar. Darauf folgt die zugehörige Lerndiagnose mit Hilfe eines Lehrzieltests, der – wie oben ausgeführt – zum Zweck der anschließenden Klassifikationsentscheidung im günstigsten Fall aus 3 Untertests besteht. Je nach Besetzung der 8 Kategorien wird man dann in der 2. Phase einige Tage mit einer bestimmten Anzahl von homogenen Gruppen arbeiten können, in denen die Lernzieldefizite weitgehend kompensiert werden sollen. Auf diese Lernaktivität folgt eine formative Lerndiagnose. Das Wort »formativ« (vgl. *Scriven* 1967, und *Bloom/Hastings/Madaus* 1971) verweist hier auf die Überprüfung

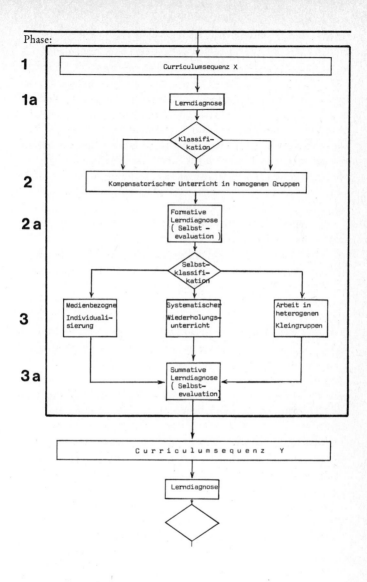

Abbildung 2: Lernaktivität und Lerndiagnose im Differenzierungsmodell

des Lernerfolgs während des Lernprozesses, d. h. also, daß eine vorläufige Rückmeldung über den Ist-Zustand vorgenommen wird, wobei diese Maßnahme selbst Bestandteil des Unterrichts und nicht etwa ein externer Eingriff ist. Als Abgrenzung dazu verwendet man den Begriff »summativ«, der ein abschließendes Feedback zum Ende einer Unterrichtseinheit kennzeichnen soll. Die formative Lerndiagnose in der Phase 2a soll durch Selbstevaluation erfolgen. Die Schüler werten ihre Tests also selbst aus und beurteilen, ob und inwieweit sie das Lehrziel erreicht haben, ohne daß andere Schüler oder der Lehrer davon erfahren müssen. Dahinter steht die Auffassung, daß dem Lernenden nicht nur das Lernen als kognitiver Vorgang obliegt, sondern auch ein Teil der äußeren Organisation seines Lernprozesses. Es wird erwartet, daß mit zunehmender Selbstorganisation die Selbstverantwortlichkeit für das Lernen zunimmt. Die eigene Erhebung diagnostischer Information hat natürlich nur dann Sinn, wenn der Schüler auch selbst die davon abhängigen pädagogischen Entscheidungen fällen kann.
In diesem Modell ist das die Selbstklassifikation. Der Schüler wählt sich seine anschließende Lernaktivität 3 aus. Dieser Wahlakt ist sicher eine Klassifikationsentscheidung, weil der Schüler implizit mehrere Dimensionen zur Grundlage nimmt wie z. B. die eigene Leistungseinschätzung, das Interesse, die situative Motivation usw. In diesem Beispiel stehen 3 Kategorien zur Verfügung: Medienbezogene Individualisierung, systematischer Wiederholungsunterricht und Arbeit in heterogenen Kleingruppen. Dabei kommt es darauf an, ein wirklich attraktives Angebot von alternativen Lernquellen bereitzustellen. Am wichtigsten sind dafür wohl die selbstinstruierenden Materialien wie z. B. Arbeitsblätter, Experimentiergerät, Lehrprogramme, Elementfilme, Spiele, strukturierte Medienpakete usw.
Die 3. Phase schließt mit einer summativen Lerndiagnose ab, mit der sich die Schüler selbst eine Rückmeldung über ihre Lehrzielerreichung verschaffen.
Man kann sich fragen, ob nicht gerade an dieser Nahtstelle zur nächsten Unterrichtseinheit eine Fremdevaluation durch den Lehrer erfolgen sollte. Das wäre aber sinnlos, denn es folgen ja keine pädagogischen Entscheidungen mehr, es sei denn, man hielte die Vergabe von Zensuren für eine pädagogische Entscheidung. Aber selbst eine solche Absicht wäre sinnlos, weil es ja gerade die Intention der vor-

angegangenen Strategie war, daß möglichst alle Schüler möglichst alle Lehrziele erreichen. Ein solches Vorgehen entspricht der Idee des Mastery Learning in der Gesamtschule (vgl. *Bloom* 1970, *Carroll* 1972, *Edelhoff* 1971, *Schwarzer* 1973).

4. Zusammenfassung

Es sollte gezeigt werden, wie durch die Integration verschiedener Ansätze in der pädagogisch-psychologischen Forschung die erziehungswissenschaftliche Diskussion über Differenzierungsprobleme neue Anregungen erhalten kann. Es wurde ein pädagogisches Klassifikationsmodell bei dreidimensionaler diagnostischer Binärinformation entwickelt, das einerseits auf den Ansätzen des zielerreichenden Lernens (mastery learning) und der Lehrzieltests (mastery tests) und andererseits auf den entscheidungstheoretischen Vorschlägen von *Cronbach/Gleser* beruht. Das darauf folgende Schema der Organisation einer Unterrichtseinheit hat lediglich die Funktion, den möglichen Kontext eines Klassifikationsmodells in der Unterrichtspraxis einer Gesamtschule zu verdeutlichen und dem Mißverständnis vorzubeugen, daß solche personellen Entscheidungen eine irreversible und fremdbestimmte Lernorganisation implizieren.

Literatur

Bloom, B. S.: Alle Schüler schaffen es. In: b : e 12 (1970)
Bloom/Hastings/Madaus (Hrsg.): Handbook on Formative and Summative Evaluation of Student Learning. New York 1971
Carroll, J. B.: Lernerfolg für alle. In: Westermanns Päd. Beiträge 1 (1972)
Cronbach, L. J./Gleser, G.: Psychological Tests and Personnel Decisions. Urbana 1957, 1965 (2. Auflage)
Edelhoff, Chr.: Bewegliche Differenzierung im Englischunterricht der Phase des fundamentalen Spracherwerbs. In: Gesamtschul-Informationen 2 (1971), S. 55 ff.
Fischer, G. H. (Hrsg.): Psychologische Testtheorie. Bern 1968
Flechsig, K. H.: Die Steuerung und Steigerung der Lernleistung durch die Schule. In: Roth, H. (Hrsg.): Begabung und Lernen (Bd. 4 der Gutachten und Studien des Deutschen Bildungsrats). Stuttgart 1968
Fricke, R.: Über Meßmodelle in der Schulleistungsdiagnostik (Bd. 2 der Reihe »Studien zur Lehrforschung«). Düsseldorf 1972

Janke, W.: Klassifikation. In: Heiss, R. (Hrsg.): Psychologische Diagnostik (Handbuch der Psychologie, Bd. 6). Göttingen 1964

Klauer, K. J.: Zur Theorie und Praxis des binomialen Modells lehrzielorientierte Tests. In: Klauer u. a.: Lehrzielorientierte Tests (Bd. 1 der Reihe »Studien zur Lehrforschung«). Düsseldorf 1972

Merkens, H.: Zum Problem der Konstruktion von lernzielorientierten Tests. In: Schule und Psychologie 19 (1972), S. 246 ff.

Overall, J. E./Klett, C. J.: Applied Multivariate Analysis. New York 1972

Popham, W. J./Husek, T. R.: Implications of criterion-referenced measurement. In: Journal of Educational Measurement 6 (1969), S. 1–9

Rulon, P. J./Tiedemann, D. V./Tatsuoka, M. M./Langmuir. C. R.: Multivariate Statistics for Personnel Classification. New York 1967

Schwarzer, R.: Technologische Innovationsstrategien und emanzipatorische Unterrichtspraxis. In: Die Deutsche Schule 6 (1973), S. 371–386

Scriven, M.: The methodology of evaluation. In: Stake, R. (Hrsg.): AERA Monograph Series on Evaluation, Nr. 1, Chicago 1967

Yates, A. (Hrsg.): Grouping in Education. New York 1966

Untersuchungen verschiedener Sozialformen bei Programmierter Instruktion

James Hartley

1. Einleitung

Es ist üblich, Flußdiagramme von Lehrmaschinen-Systemen zu zeichnen, einen Bereich dieses Diagramms mit »Schüler« zu bezeichnen und mit diesem Bereich so umzugehen, als sei er eine zuverlässige Komponente innerhalb des Systems.
Jedoch ist der Schüler – worauf ich schon oftmals an anderer Stelle hinwies – nicht immer in der Lage, sich in einer reliablen Weise zu verhalten: sein Verhalten ist durch eine Unmenge von internen und externen Einflüssen bestimmt.
Viele Theoretiker des Programmierten Unterrichts scheinen die Untersuchung sozialer Förderung, Einflußnahme und Konformität zu vergessen oder – einfacher gesagt – sie scheinen zu vergessen, daß Schüler normalerweise sowohl ihre Mitschüler wie auch ihre Lehrer sehen und sprechen können. Während einer internationalen Tagung über »Hauptentwicklungsströmungen innerhalb der Erforschung des Programmierten Unterrichts«, die 1968 von der NATO unterstützt wurde, war es bemerkenswert, daß kein Referent die Reliabilität des Schülerverhaltens berücksichtigte und daß nur ein einziger die Differenzen innerhalb seiner Experimente dem unberücksichtigten Einfluß der teilnehmenden Lehrer zuschob *(Dodwell* 1969).
Es wird nun deutlicher, daß der Lehrer – dessen Rolle in den Flußdiagrammen bisher natürlich immer unberücksichtigt blieb – einen wichtigen Einfluß auf die Ergebnisse des Programmierten Unterrichts ausüben kann. In einer amerikanischen Untersuchung von *Goebel* (1966) wird dargestellt, daß Lehrer während der Durchführung des Programmierten Unterrichts 68% ihrer Zeit mit einzelnen

Schülern verbrachten (im Gegensatz zu 3% im konventionellen Unterricht). Weiterhin fand man in 11 von 12 dem Autor bekannten Experimenten, in denen Programmierter Unterricht einmal ohne und einmal »integriert« mit konventionellem Unterricht verglichen wurde, daß die letztere Konstellation bessere Ergebnisse erzielt (*Hartley* 1972). Arbeiten in anderen Bereichen (z. B. Schulfernsehen, Lesen und freies Gestalten) weisen ebenso auf die Wichtigkeit des Lehrers hin.

Es ist hier nicht meine Absicht, über die Rolle des Lehrers im Programmierten Unterricht zu schreiben; das ist schon viel besser an anderer Stelle getan worden (z. B. von *Thiagarajan* u. a. 1971). In diesem Aufsatz möchte ich besonders zwei soziale Aspekte des Programmierten Unterrichts betrachten – nämlich (1) Partnerarbeit bei Programmiertem Unterricht und (2) Programmierter Unterricht in Kleingruppen. Ich möchte diesen Aufsatz dann mit einigen mehr allgemeinen Aussagen über soziale Aspekte des Programmierten Unterrichts beschließen.

2. *Partnerarbeit bei Programmiertem Unterricht*

Es herrscht ein beträchtliches Interesse an der Erforschung von Vorteilen und Grenzen der Partnerarbeit im Programmierten Unterricht, und eine Anzahl von Experimenten in diesem Bereich wurde schon durchgeführt. Man behauptet zum Beispiel, daß Partnerarbeit im Programmierten Unterricht verglichen mit individualisiertem Programmierten Unterricht den Vorteil (1) größerer Ökonomie, (2) weniger Langeweile für die Schüler und (3) größerer persönlicher Interaktion hat, was (a) zu besserem Lernen und (b) zu besserem Behalten führt. Kurz gesagt wird Partnerarbeit im Programmierten Unterricht deshalb für wertvoll gehalten, weil sie nicht nur deutliche ökonomische Implikationen hat, sondern auch soziale Interaktionen ermöglicht.

Wir müssen jedoch vorsichtig mit der Annahme sein, daß sich diese Vorteile automatisch einstellen. Vorteil 1 ergibt sich nur dann, wenn die Schüler dasselbe Programm und dieselbe Ausrüstung benutzen. Der empirische Nachweis für Vorteil 2 und 3a ist dürftig, und der für 3b ist kaum vorhanden (s. *Hartley* 1968, 1970). Der geringe zur Verfügung stehende Nachweis läßt jedoch vermuten, daß Partnerarbeit im Programmierten Unterricht ein akzeptables Vorgehen ist: Schüler lernen zu zweit nicht schlechter als allein und manchmal sogar besser.

Akzeptiert man das, so ist die nächste Frage, ob einige Methoden der Aufteilung in Paare zu besseren Resultaten führen als andere. Das ist eine wichtige Frage, denn in einer Klasse mit 30 Schülern gibt es 435 mögliche Paare, und zweifellos würde jede Einteilung zu unterschiedlichen interpersonellen Wechselwirkungen führen. In der Praxis gab es bisher hauptsächlich zwei Möglichkeiten, an dieses Problem heranzugehen. Die Untersuchenden haben die Schüler entweder aufgrund der Fähigkeiten bezüglich einer bestimmten Aufgabe, ihres spezifischen Vorwissens (oder einer Kombination dieser beiden Kriterien) oder aufgrund irgendwelcher Persönlichkeitsvariablen (z. B. Extraversion/Introversion) in Paare eingeteilt. Mit beiden Möglichkeiten verfolgte man jedoch das gleiche Ziel – nämlich herauszufinden, ob eine Methode der Aufteilung in Paare zu besseren Resultaten führte als die andere. Zusätzlich muß noch gesagt werden, daß bei den meisten dieser früheren Untersuchungen jedes Mitglied eines Paares das gleiche Programm durcharbeitete und daß diese zu zweit benutzten Programme ursprünglich für Einzelarbeit geschrieben wurden.

In diesem Aufsatz möchte ich von unseren zahlreichen Untersuchungen drei Studien beschreiben (hauptsächlich deshalb, weil sie größere Stichproben unter jeder experimentellen Bedingung enthalten als andere Untersuchungen und deshalb als zuverlässiger angesehen werden können). Im ersten Experiment geschah die Aufteilung in Paare aufgrund von allgemeiner Schulleistung, und wir benutzten ein Programm, das *für Partnerarbeit geschrieben worden war*. Im zweiten Experiment teilten wir aufgrund eines Persönlichkeitsmerkmals ein und benutzten ebenfalls das Partnerarbeit-Programm, und im dritten Experiment erlaubten wir den Schülern, ihre Partner selbst zu wählen, und wir verglichen die Leistungen dieser Schüler mit denen jener Schüler, die vom Lehrer eingeteilt wurden.

Viele der bisherigen Untersuchungen bezüglich der paarweisen Einteilung aufgrund von Fähigkeiten wurden von *Hartley* (1970) zusammengefaßt. Das Ziel von sieben dieser Untersuchungen war es herauszufinden, ob die Zuordnung eines schwachen Schülers zu einem guten Schüler den Schwächeren signifikant förderte, ohne den besseren zu behindern. Dem Literaturüberblick folgend wurde festgestellt, daß drei Untersuchungen, die diese heterogene Paarbildung bevorzugten, hauptsächlich Primarschüler mit breiter Leistungsstreuung heranzogen und Programme benutzten, die von den Schülern »Aktivität« und »Entdeckendes Lernen« verlangten, während die übrigen Untersuchungen, bei denen sich kein Vorteil für die heterogene Paarbildung aufgrund allgemeiner Fähigkeiten ergab, hauptsächlich Sekundarschüler mit einer engeren Leistungsstreuung heranzogen und mehr konventionelle lineare Programme benutzten.

An der ersten Untersuchung, die ich in diesem Aufsatz betrachten will (*Hartley/Hogarth* 1971), nahmen über 80 männliche Schüler im Alter von 12;1 bis 13;11 Jahren von vier zweiten Klassen einer nichtkoedukativen Grammar School teil, und diese waren in homogene und heterogene Paare aufgrund vorher ermittelter Intelligenztest- und Leistungsdaten, den Jahresergebnissen der Klassenarbeiten und dem Vorwissen in Chemie aufgeteilt (s. Tabelle 1).

Das Programm, das für dieses Experiment benutzt wurde, war *Hogarth's* »The Gram Atom« (unveröffentlicht), ein lineares Programm mit 120 Lerneinheiten, das in drei Teile gegliedert und ungefähr für 2½ Stunden Unterricht vorgesehen ist. Das Unterrichtsthema beschäftigt sich mit der Darstellung, daß, wenn man die Atomgewichte der Elemente in Gramm ausdrückt, diese Gewichte alle die gleiche Anzahl von Atomen enthalten.

Nach Beendigung dieses Programms sollten die Schüler dazu fähig sein, die Anzahl der Atome bei allen angegebenen Gewichten verschiedener Elemente zu vergleichen, kurz gesagt: das Programm beschäftigt sich mit einem für Schüler oftmals recht schwer zu begreifenden Thema. Das Programm ist insofern ungewöhnlich, als es speziell für Partnerarbeit geschrieben wurde. Im 1. Teil z. B. hat jeder Schüler ein eigenes Buch mit separaten Anweisungen für die praktische Arbeit und jeder muß abwechselnd die Arbeit seines Partners begutachten; am Ende des Programms werden die Schüler dazu aufgefordert, sich gegenseitig Aufgaben zu stellen. Der Test, mit dem der Lernerfolg des Programms gemessen werden soll, enthält 14 Fragen (25 Punkte sind maximal zu vergeben) und die Retest-Reliabilitätskoeffizienten, die bisher bekannt sind, liegen zwischen 0,75 und 0,88.

Die Schüler arbeiteten zwei 40-Minuten-Stunden pro Woche nach ihrem eigenen Lerntempo, und die vier Klassen wurden von verschiedenen Lehrern beaufsichtigt. Der Nachtest wurde sofort nach

Tabelle 1: Die Experimentalgruppen, die Werte für die Gruppeneinteilung und die Ergebnisse des 1. Experiments (Paarbildung auf der Grundlage von Vorwissen und Fähigkeit)

Fähigkeit		Werte für die Gruppeneinteilung				Ergebnisse	
		Totaler Jahresabschluß-Schulleistungswert	Chemie-Schulleistungswert	Intelligenzwert	Nachtest (Max. 25 Punkte)	Behaltenstest (3–4 Wochen später)	
Gute Schüler, die mit guten arbeiten	Mittelwert	667.3	62.4	486.9	18.3	17.6	
	Streuung	91.0	11.6	33.8	4.6	6.2	
	N	22	22	21	22	21	
Gute Schüler, die mit schwachen arbeiten	Mittelwert	663.7	59.6	478.4	16.5	17.0	
	Streuung	83.3	10.3	30.2	4.3	3.8	
	N	21	21	19	17	16	
Schwache Schüler, die mit guten arbeiten	Mittelwert	498.3	40.9	453.8	11.5	10.4	
	Streuung	36.5	9.7	19.3	4.4	5.1	
	N	20	20	19	17	16	
Schwache Schüler, die mit schwachen arbeiten	Mittelwert	489.8	43.4	454.0	11.2	10.1	
	Streuung	42.1	10.4	15.4	4.1	3.8	
	N	20	20	18	16	15	

Beendigung des Programms geschrieben, und der gleiche Test wurde nach 3-4 Wochen nochmal durchgeführt, um die Behaltensleistung festzustellen. Die gewonnenen Ergebnisse waren sehr deutlich, wie Tabelle 1 zeigt: es gab keinen signifikanten Unterschied zwischen der Leistung schwacher Schüler, die mit guten oder mit schwachen Schülern zusammengearbeitet hatten, und es ergab sich kein signifikanter Unterschied zwischen guten Schülern, die mit guten oder mit schwachen Schülern gearbeitet hatten, und zwar weder im Nachtest noch im Behaltenstest (im ganzen leisteten die guten Schüler jedoch mehr als die schwachen; $p < 0.01$). Die Arbeitszeitdifferenzen für die Durchführung des Programms lagen in der erwarteten Richtung (d. h. die guten Paare waren die schnellsten und die schwachen die langsamsten, aber die Unterschiede zwischen den Gruppen waren in dieser Hinsicht nicht signifikant). Ein interessanter Befund dieses Experiments war jedoch die Tatsache, daß die leistungsstarken Schüler in den heterogenen Paaren eine weniger positive Einstellung zu dieser Situation zum Ausdruck brachten.

Im zweiten Experiment (*Hartley*, *Holt* und *Hogarth* 1971) wiederholten wir im darauffolgenden Jahr das obige Experiment mit der Ausnahme, daß wir diesmal die Schüler mit Hilfe eines Tests über »Schulleistungsmotivation« in Paare einteilten. In dieser Untersuchung waren die Nachtest-Ergebnisse viel schlechter als die der ersten Untersuchung (was das Problem deutlich macht, von der Schülergruppe dieses Jahres die gleiche Leistung zu erwarten wie von der des letzten Jahres), aber es ergab sich die gleiche Art experimenteller Befunde. Kurz gesagt: die Leistung niedrig-motivierter Schüler in motivationsheterogenen Paaren unterschied sich nicht signifikant von der Leistung niedrig-motivierter Paare, und die Leistung hoch-motivierter Schüler in motivationsheterogenen Paaren unterschied sich nicht signifikant von der Leistung hoch-motivierter Paare, und zwar weder im Nachtest noch im Behaltenstest. Diese Ergebnisse sind in Tabelle 2 dargestellt.

Im dritten Experiment (*Hogarth* und *Hartley* 1973), ein Jahr später, wiederholen wir die grundlegende Versuchsanordnung, aber diesmal wurde die Hälfte der Schüler von ihren Lehrern in leistungsheterogene Paare eingeteilt, während der anderen Hälfte die Wahl ihrer Partner selbst überlassen wurde. Die Ergebnisse waren insgesamt besser als die des zweiten Experiments, und sie waren tatsächlich parallel zu denen des ersten Experiments. Genau wie zuvor gab es je-

Tabelle 2: Die Experimentalgruppen, die Werte für die Gruppeneinteilung und die Ergebnisse des 2. Experiments (Paarbildung auf der Grundlage von Motivation)

Motivation		Werte für die Gruppeneinteilung					Ergebnisse	
		Schullei-stungsmo-tivations-werte	Totaler Jahres-abschluß-Schul-leistungs-wert	Chemie-Schullei-stungs-wert	Intelli-genzwert	Nachtest (Maximal 25 Punkte)	Behaltenstest (6 Wochen später)	
Gute Schüler, die mit guten arbeiten	Mittelwert Streuung N	58.9 7.5 16	597.9 57.3 16	48.4 13.4 16	460.5 24.6 16	11.5 4.6 16	12.4 4.2 15	
Gute Schüler, die mit schwachen arbeiten	Mittelwert Streuung N	58.6 6.1 16	586.1 57.7 16	41.7 14.4 16	455.0 22.5 16	11.6 4.6 16	10.7 5.5 15	
Schwache Schüler, die mit guten arbeiten	Mittelwert Streuung N	39.4 6.5 16	520.4 68.1 16	49.4 12.8 16	464.1 24.3 15	10.2 6.7 16	13.4 5.5 14	
Schwache Schüler, die mit schwachen arbeiten	Mittelwert Streuung N	39.6 7.0 16	613.9 55.4 16	45.8 11.4 16	461.6 15.5 16	12.6 4.2 16	11.1 5.7 13	

doch weder bei dem Nachtest noch bei dem Behaltenstest signifikante Unterschiede in der Leistung der Paare, die vom Lehrer aufgrund unterschiedlicher Fähigkeit eingeteilt waren, und die der selbstgewählten Paare (siehe Tabelle 3). Die selbstgewählten Paare zeigten jedoch eine mehr positive Einstellung gegenüber der Situation.
Aus der dritten Untersuchung ergeben sich natürlich genauso wie aus den anderen mehr Fragen als Antworten. Ihre Ergebnisse widersprechen denen, die *Amaria* (1970) erhielt. Dieser fand heraus (mit ein wenig jüngeren Kindern und einem anderen, kürzeren Programm), daß Schüler in nach Zufall eingeteilten Paaren signifikant besser lernten als bei Selbstselektion. Bezieht man sich auf die Einleitung dieses Aufsatzes, so wird die Notwendigkeit weiterer Forschung auf diesem Gebiet deutlich. Ein Lehrer müßte eine Anzahl unterschiedlicher Strategien der Paarbildung durchführen, die dann alle systematisch untersucht würden.
Die oben beschriebenen Experimente sind – aus meiner Sicht – trotz ihrer Begrenztheit die umfassendsten und am besten kontrollierten Untersuchungen über Partnerarbeit beim Programmierten Unterricht, die bisher bekannt sind.* Aus ihnen wird deutlich – und ebenso aus vorangehenden Untersuchungen – daß eine Anzahl von Faktoren die Ergebnisse genauso beeinflussen könnte wie die Methode der Paarbildung (z. B. Alter, Altersunterschiede, Geschlecht, schulinterne Differenzierung nach »streaming« oder »setting«, Programmtyp, -qualität, -länge usw.). Aus diesen Untersuchungen wird ebenso deutlich, daß es unwahrscheinlich ist, jemals eine einfache Faustregel zu erhalten, um die beste Methode der Paarbildung von Lernenden für den Programmierten Unterricht zu bestimmen. Diese Ergebnisse sind enttäuschend, wenn man nach einem einfachen Weg, das Lernen zu verbessern, sucht – betrachtet man sie aber von einer anderen Seite, dann weisen sie vielleicht darauf hin, daß Lehrer ihre Zeit nicht damit zu verbringen brauchen, geistreiche Methoden der Paarbildung zu ersinnen. Diese Annahme verleitet bei so einer begrenzten Anzahl von Untersuchungen, die mit einem so speziellen Programm und einer so speziellen Adressatengruppe durchgeführt wurden, sicherlich zu schnell zu einer Schlußfolgerung, aber diese Befunde (außer denen von *Amaria*) stimmen über-

* Vgl. dazu die deutsche Arbeit von M. *Hirzel:* Partnerarbeit im Programmierten Unterricht, Stuttgart 1969 (Anm. des Hrsg.).

Tabelle 3: *Die Experimentalgruppen, die Werte für die Gruppeneinteilung und die Ergebnisse des 3. Experiments (Paarbildung auf der Grundlage von Selbstzuordnung)*

		Werte für die Gruppeneinteilung			Ergebnisse	
		Totaler Jahresabschluß-Schulleistungswert	Chemie-Schulleistungswert	Intelligenzwert	Nachtest (Max. 25 Punkte)	Behaltenstest (4–5 Wochen später)
Leistungs-heterogene Paare	Mittelwert	528.8	58.7	471.9	13.6	15.0
	Streuung	101.9	12.2	28.5	5.6	5.9
	N	36	36	34	36	36
Frei gewählte Paare	Mittelwert	546.5	50.5	470.4	13.1	14.5
	Streuung	109.3	14.3	20.7	7.2	7.2
	N	30	30	27	30	28

ein mit vorhergehenden Untersuchungen, denen es ebenso mißlang, Unterschiede in den Nach-Test-Ergebnissen als Resultat einer Paarbildungsmethode herauszufinden.

3. *Programmierter Unterricht in Kleingruppen*

In der psychologischen Fachliteratur gibt es beträchtliches, wenn auch zerstreutes Material, das auf die Überlegenheit von Lernen in der Gruppe gegenüber individuellem Lernen in verschiedenen Situationen hinweist, und zwar sowohl für tierisches wie auch für menschliches Lernen. Es wäre deshalb angemessen zu untersuchen, ob diese Verallgemeinerung auch für den Programmierten Unterricht zutreffend ist. Die Schwierigkeiten des Versuchs, von diesen Untersuchungen zu allgemeinen Schlüssen für den Programmierten Unterricht zu gelangen, liegen darin, daß (1) die Gruppengröße variiert und (2) daß die Arbeitsmethoden innerhalb der Gruppen variieren. Gruppen können zum Beispiel klein und kooperativ sein und ein selbstbestimmtes Lerntempo haben, oder sie können groß sein, mit individuell arbeitenden Mitgliedern und trotzdem ein extern bestimmtes Lerntempo haben (z. B. beim programmierten Schulfernsehen).

Bisher wird Programmierter Unterricht in Gruppen meist mit Programmen durchgeführt, die ursprünglich für individuelles und nicht für das Lernen in Gruppen geschrieben wurden. Jedoch erscheinen jetzt sowohl in den USA wie auch in Großbritannien immer mehr Unterrichtsprogramme, die für Kleingruppen geschrieben sind und den Teilnehmern Interaktion ermöglichen, und es scheinen sich Möglichkeiten für zukünftige Arbeiten zu eröffnen. Bisher wurden noch keine richtigen Experimente bezüglich der Gruppenzusammensetzung und der Funktion und Persönlichkeit von Gruppenmitgliedern durchgeführt und es erscheint notwendig, diesen grundlegenden Aspekten des Programmierten Unterrichts in Gruppen noch nachzugehen.

Dort, wo Programme, die eigentlich für individuelles Lernen geschrieben wurden, von Gruppen benutzt werden sollen, ist der Präsentationsmodus das eigentliche Problem: bisher wurde schon eine ganze Anzahl von Methoden angewandt und jede hat ihre spezifischen Schwierigkeiten. Das Hauptproblem bei gleichzeitiger Parallelschulung besteht natürlich darin, daß die Gruppe nur mit der Ge-

schwindigkeit der langsamsten Schüler vorankommt. So haben Untersuchungen gezeigt, daß homogene Gruppen im allgemeinen schneller vorankommen als heterogene, obwohl es überhaupt noch nicht klar ist, wo die Grenzen in dieser Hinsicht sind.
Zur Bewältigung des Problems, nur mit der Geschwindigkeit des langsamsten Schülers voranzukommen, hat man verschiedene Techniken zur Steuerung des Lerntempos entwickelt. In einigen Untersuchungen kontrolliert der Lehrer das Lerntempo nur wenig (indem er z. B. die Anzahl der Lernschritte bestimmt, die jede Stunde durchgeführt werden sollen). In anderen präziseren Untersuchungen arbeiten die Schüler in Gruppen, wobei sie gewöhnlich an einer extern gesteuerten Projektionsfläche orientiert sind; in anderen Untersuchungen, z. B. *Moore* (1967), kontrolliert die Gruppe das Lerntempo. Der Hauptzweck vieler dieser Untersuchungen bezüglich des extern bestimmten Lerntempos bei Programmiertem Unterricht in Gruppen scheint der Nachweis zu sein, daß das selbstbestimmte Lerntempo nicht *notwendigerweise* ein Grundprinzip des Programmierten Unterrichts sein muß und daß effektivere Präsentationsmodi verwendet werden können.*
Mit Hilfe eines festgelegten Lerntempos in Gruppen ist es nicht nur möglich, eine größere Zuhörerschaft simultan zu erreichen, sondern es können auch lernorganisatorische Schwierigkeiten verringert werden, die aufgrund der Selbstbestimmung des Lerntempos auftreten (z. B. daß Schüler ihre Programme mit einer großen zeitlichen Streuung beenden).
Faßt man diese Untersuchungen zusammen, so scheint es, daß (1) der experimentelle Nachweis vermuten läßt, daß das extern bestimmte Lerntempo genauso effektiv ist wie das selbstbestimmte (oder sogar noch effektiver, was die benötigte Zeit angeht), (2) der gleiche Nachweis implizit andeutet, daß die Selbstbestimmung des Lerntempos Grenzen hat – Schüler sind vielleicht nicht dazu fähig, selbst das zum Arbeiten beste Lerntempo zu bestimmen (*Gropper* und *Kress* 1965, zeigten z. B., daß die Arbeitsgeschwindigkeit von Schülern relativ konstant war, obwohl der Schwierigkeitsgrad des Programms variierte); und (3) externe Lerntempobestimmung Faktoren einbringt (wie zum Beispiel eine gesteigerte Motivation), die zur Verbesserung des Lernens führen können. Jeder dieser erwähn-

---

* Vgl. dazu die deutsche Arbeit von Peter *Strittmatter:* Präsentationsmodi von Lehrprogrammen. Weinheim 1970 (Anm. d. Hrsg.).

ten Punkte ist an anderer Stelle näher diskutiert worden (*Hartley* 1968).

4. Einige Betrachtungen bezüglich sozialer Aspekte des Programmierten Unterrichts

In den obigen Abschnitten habe ich mich auf Experimente beschränkt, die mit Programmiertem Unterricht für Paare und für Gruppen durchgeführt wurden. Ich möchte nun noch eine Anzahl allgemeinerer Betrachtungen anstellen.

Der Programmierte Unterricht unterliegt dem Vorurteil, ein Prozeß selbstgesteuerten Unterrichts mit selbstbestimmtem Lerntempo zu sein. Dieser Aufsatz versuchte darauf hinzuweisen, daß es Situationen gibt, wo diese (zugegebenermaßen sehr wesentlichen) Vorteile von noch viel größeren übertroffen werden können. Zusätzlich zu den Vorteilen, die aus der Interaktion resultieren, würde ich behaupten, daß es unsinnig ist, im Programmierten Unterricht den fördernden Einfluß des Lehrers zu ignorieren. Einfacher gesagt, ist mein Standpunkt folgender: der Programmierte Unterricht braucht nicht selbst-gesteuert zu sein, und das Lerntempo braucht nicht selbstbestimmt zu sein.

Die Literatur über Untersuchungen bezüglich der Partnerarbeit und der Bestimmung des Lerntempos enthält jedoch viele Studien ohne signifikante Unterschiede. Natürlicherweise möchte ich behaupten, daß dieses darauf zurückzuführen ist, daß wir uns die Tests, die wir benutzen, näher ansehen müßten (lieber als daß ich die Vorteile der Variation sozialer Variablen in Frage stelle). Die Tests, die von den betrachteten Untersuchungen benutzt wurden, waren fast ausschließlich Tests zur Erfassung *kognitiver* Leistungen. Es ist jedoch wichtig, daß in den von uns durchgeführten Partnerarbeit-Untersuchungen zwar keine Unterschiede in den kognitiven Leistungen, wohl aber in den Einstellungen gefunden wurden. Daraus scheinen sich zwei Dinge zu ergeben. Erstens sollten wir als Forscher uns mehr um die *affektiven* Ergebnisse kümmern – denn damit beschäftigen sich ja die von mir dargestellten Untersuchungen. Zweitens sollten unsere Tests für kognitive Lernziele nicht so einfach sein wie das oftmals der Fall ist: wir sollten uns mehr um höher-wertige kognitive Lernziele bemühen (z. B. Bewertung, Analyse und Synthese usw.). Indem wir Schüler dazu anregen, aktiv an gemeinsamen Aufgaben zusammenzuarbeiten, indem wir sie dazu bringen, zu kommunizieren – schreibend und verbal, zu raten und zu forschen, zu diskutieren und Entscheidungen zu fällen, indem wir unseren Schülern erlauben, Menschen zu sein, die eigene Fragen entwickeln und beantworten, können wir unsere Arbeit über soziale Aspekte des Programmierten Unterrichts dazu benutzen, herauszufinden, ob sowohl affektive wie auch höher-wertige kognitive Lernziele erreicht werden. Dies zu tun, bedeutet eine perspektivische Erweiterung des Programmierten Unterrichts.

Obwohl wir weiterhin unsere Lernziele aufstellen können, unseren Erfolg, sie zu erreichen, evaluieren können und unsere Kurse revidieren und verbessern können, meine ich, daß im Programmierten Unterricht die Ziele, die Lehrmethoden und die Methoden der Evaluation nicht so eng gesetzt sein sollten, wie es in der Vergangenheit der Fall war.

Literatur

Amaria, R. P.: A study of the factors influencing learning in pairs. Unpublished Ph. D. thesis, University of Birmingham, England 1970

Hartley, J.: Some factors affecting student performance in programmed learning. In: Programmed Learning 4 (1968), S. 168–178

Hartley, J.: Social psychology and programmed learning. (Paper available from the author), 1970

Hartley, J. (Hrsg.): Strategies for Programmed Instruction. London 1972

Hartley, J./Hogarth, F. W.: Programmed learning in pairs. In: Educational Research 13 (1971), S. 130–134

Hartley, J./Holt, J./Hogarth, F. W.: Academic motivation and programmed learning. In: British Journal of Educational Psychology 41 (1971), S. 71–83

Hogarth, F. W./Hartley, J.: Programmed learning: mixed-ability versus own-choice pairs. In: Programmed Learning and Educational Technology 1973

Thiagarajan, S. et al.: Programming the human component in an instructional system. In: British Journal of Educational Technology 2 (1971), S. 143–152

Individualisierung von Lernprozessen durch Förderung von Selbstinstruktionstechniken
Klaus Weltner

1. Lerntechniken und Individualisierung von Lernprozessen

Der Erfolg von Lernprozessen läßt sich auf mehrere Komponenten zurückführen, von denen einige genannt seien:

a) Motivation
b) Intelligenz
c) Lerntechniken als Techniken geistigen Arbeitens
d) Lernvoraussetzungen im Sinne von Vorkenntnissen und vorhandenen Begriffssystemen

Im Rahmen üblicher Gruppierungen wie Schulklassen oder Kursteilnehmern bestehen hier erhebliche Unterschiede. Intention jeder differenzierenden Unterrichtsorganisation ist, Inhalt und Methode der Vermittlung diesen Unterschieden anzupassen. Stillschweigend geht man bei der Entwicklung differenzierender Unterrichtsformen meist von der Voraussetzung aus, daß die verschiedenen Schülergruppen, die aufgrund unterschiedlicher lernrelevanter Merkmale gebildet werden, während des Lernens von Lehrpersonen betreut werden. Jede Umsetzung in die Unterrichtsorganisation hat jedoch eine Konsequenz: Die einzelnen Lernergruppen müssen umso länger selbständig und allein arbeiten, je größer die Zahl der gebildeten Gruppen ist. Extremfall der Gruppenbildung ist die völlige Individualisierung, bei der jedem Lerner Inhalt und Vermittlung optimal angepaßt werden könnte, doch ist unmittelbar evident, daß kein allgemeines Bildungssystem jedem Lerner eine ständige Einzelbetreuung geben kann.

Dieser Zusammenhang zwischen Differenzierungsgrad einerseits und der Notwendigkeit zur selbständigen Arbeit der jeweils vom

Lehrer nicht betreuten Gruppen andererseits hat bei der Realisierung differenzierender Unterrichtsorganisationen immer zur Entwicklung von Arbeitsmaterialien geführt, die selbständiges Arbeiten unterstützen. Klassische Beispiele sind die Jena-Plan-Schulen und der Dalton-Plan.

Die Forderung nach differenzierender Unterrichtsorganisation führt zwangsläufig zur Verlagerung eines – oft nicht unerheblichen – Anteils der Arbeit auf selbständiges Arbeiten, sei es allein, sei es in Gruppen. Dies trifft mit der Absicht zusammen, die Emanzipation und Autonomie des Schülers zu fördern. Das schließt den Abbau der Abhängigkeit von Institutionen und Personen ebenso ein wie den Aufbau der Fähigkeit zur Selbstbestimmung. Konkret bedeutet dies den Erwerb der Fähigkeit, selbstgewählte Inhalte selbständig zu lernen. Auch wenn man dies nur auf umfangmäßig und zeitlich begrenzte Lernaufgaben bezieht, muß man doch die Verfügung über Lerntechniken voraussetzen. Unter Lerntechniken verstehen wir ein Repertoire von Verhaltensweisen, mit deren Hilfe Lernaufgaben gelöst werden. Sie reichen von der Fähigkeit, einen Arbeitsplan aufzustellen und auszuführen, über Techniken, Texte zu exzerpieren und zu interpretieren oder Beziehungen zwischen Neuem und bereits Bekanntem herzustellen, bis hin zur Nutzung externer Informationsquellen und Handbücher. Eine Individualisierung des Lernprozesses dürfte weniger über den Aufbau des Systems individueller Hilfen als vielmehr über den Aufbau der Fähigkeit zur Selbsthilfe erreicht werden. Sicher überspitzt, aber in der Sache richtig ist die Formulierung, daß es nicht das Ziel des Schulsystems sein kann, jedem Schüler ständig einen helfenden Privatlehrer zur Verfügung zu stellen, sondern ihn vielmehr zu befähigen, seine individuellen Lernbedürfnisse ohne Lehrer mit Hilfe einer umfassenden Bibliothek zu lösen.

Nun ist ebenso klar, daß Lerntechniken komplexe Verhaltensweisen sind, die sich nur langfristig aufbauen lassen. Ihr Aufbau erfolgt in ständiger Konkurrenz zu weniger effizienten aber bequemeren Verhaltensweisen. Es ist – um Beispiele zu nennen – einfacher, ein Referat auf einen einzigen gelesenen Artikel zu stützen, als mehrere Arbeiten zum gleichen Thema zu lesen und Gemeinsamkeiten sowie Unterschiede zu identifizieren. Es ist einfacher, eine Autorität zu zitieren, als Widersprüche und Zusammenhänge zu erkennen und herauszuarbeiten. Es ist einfacher, darauf zu vertrauen, daß sich die Be-

deutung von Begriffen automatisch durch den Gebrauch im Unterricht ergibt, als Begriffe im Lehrbuch zu unterstreichen, zu exzerpieren und aktiv selbst zu kontrollieren, ob man ihre Bedeutung reproduzieren kann. Die Banalität dieser Zusammenhänge darf uns nicht darüber hinwegtäuschen, daß der Aufbau von effizienten Lerntechniken schwierig ist und in der Regel nur im Rahmen eines geeigneten Verstärkungsmilieus gelingt. In diesem – schichtspezifischen – Verstärkungsmilieu sehen wir vor allem die Determinanten von Schul- und späterem Berufserfolg. Jede Form der kompensatorischen Erziehung sollte daher großes Gewicht vor allem auf die Vermittlung und Förderung effizienter Lerntechniken legen. Die Bedeutung der Anwendung wirksamer Lerntechniken tritt offen vor allem im tertiären Bildungsbereich hervor. Sowohl im Hochschulstudium wie in der beruflichen Fortbildung ist selbständiges Lernen, das über weite Strecken nicht fremdgeleitet sein kann und auch nicht sein sollte, eine notwendige Voraussetzung für den Gesamterfolg.[1]
Der Bildungstechnologie kommt insofern eine besondere Rolle bei der Entwicklung der Selbstinstruktionsfähigkeit zu, als eine Unterstützung selbständigen Lernens durch programmierte Instruktion, Leitprogramme und Studienanleitungen möglich ist. Dabei kann der Führungsgrad der Außensteuerung in weiten Grenzen variiert werden und mit zunehmender Verfügung über autonome Lerntechniken ganz abgebaut werden.[2]
Wenn im folgenden über die konkrete Entwicklung eines integrierenden Leitprogramms im Hochschulunterricht berichtet wird, ist dies im Zusammenhang mit dem allgemeinen Ziel des Aufbaus von Lerntechniken zu sehen. Das Konzept ist nicht auf ein Fach oder eine Schulform beschränkt, sondern übertragbar. Die Einübung von Lerntechniken – hier handelt es sich um Studiertechniken – wird in die fachliche Arbeit integriert. Dem liegt unsere Hypothese zugrunde, daß Lerntechniken nicht abgelöst von spezifischen Lernzielen erworben werden. Die wirksamste Form, Lerntechniken einzuüben, dürfte darin bestehen, einerseits fachspezifisch zu arbeiten und andererseits in diese Arbeit die Erläuterung, Begründung und Übung der Lerntechniken zu integrieren. Dabei gehen wir von der Annahme aus, daß diese in Verbindung mit fachlicher Arbeit aufgebauten Lerntechniken auch über die spezielle Situation hinausgehend in anderen Sachbereichen aktiviert werden können.

2. Integrierendes Leitprogramm »Mathematik für Physiker – Basiswissen für das Studium der Experimentalphysik«

Es wurde ein objektivierter Kurs in Form eines Lehrbuchs und eines integrierenden Leitprogramms entwickelt. Grundlage ist ein Lehrbuch mit Übungsaufgaben, das genau die Mathematik enthält, die in der Experimentalphysikvorlesung gebraucht und vorausgesetzt wird.[3] Adressaten sind Erst- und Zweitsemester, vor allem Studenten für das Lehramt Physik Sekundarstufe I. Der gesamte Umfang entspricht einer zweistündigen zweisemestrigen Veranstaltung.

Zu jeder Lektion ist ein Leitprogramm entwickelt, das das Selbststudium steuert, Übungsphasen und Arbeitsphasen einteilt, Fragen zur Kontrolle des Lernfortschritts enthält und nach Bearbeitung eines Lernschrittes die jeweils nächsten Aufgaben und Übungen zuweist (*Schirm* 1971; *Zielke* 1969).

Leitprogramme können in Buchform oder als rechnerunterstützter Unterricht realisiert werden. Wir haben zunächst eine Buchfassung erstellt. In diese Form des Leitprogramms haben wir nun zusätzlich die Erläuterung und Übung von Lerntechniken im Rahmen der jeweiligen Arbeit am Lehrbuch integriert. Diese Form nennen wir *integrierendes Leitprogramm* (*Weltner/Wiesner* 1973).

Damit besteht das integrierende Leitprogramm aus zwei Anteilen:
a) Anweisung zur fachlichen Arbeit, Hilfen für die Selbstkontrolle, Zusatzerläuterungen und individuellen Unterstützungen.
b) Darstellung von Lerntechniken, Übung der Lerntechniken in Verbindung mit der fachlichen Arbeit.[4]

Der Student arbeitet auf zwei Ebenen. Im integrierenden Leitprogramm werden ihm zunächst Arbeitsaufgaben gestellt. Beispiel:

Lesen Sie den Abschnitt 2.3. Umkehrfunktion, inverse Funktion!
Nach dem Studium des Textes sollten Sie die Begriffe Umkehrfunktion und inverse Funktion definieren können. Zu einer gegebenen Funktion sollten Sie selbständig die Umkehrfunktion definieren können.

Auf der Ebene des Lehrbuchs folgt nun eine autonome Arbeitsphase mit dem Lehrbuch als Studiengrundlage. Nach dieser Selbstinstruktionsphase kehrt der Lerner zum Leitprogramm zurück. Hier wird er angeleitet, in mehreren Schritten prüfen, ob er die Lehrziele erreicht hat. Die als Selbstkontrolle durchgeführte Überprüfung beginnt mit den neuen Begriffen, geht zu den neuen Operationen über und kontrolliert, ob die Kompetenz zur Lösung bestimmter Aufgabenklassen erreicht ist. Bei Fehlern werden entweder individuelle Hilfen in Form von Lehrprogrammsequenzen innerhalb des integrierenden Leitprogramms gegeben, oder es erfolgen Rückverweise auf das Studium des Lehrbuchs – diesmal jedoch mit neuer und spezieller Aufgabenstellung wie:

Sie haben die Aufgabe falsch gelöst.
Es scheint, daß Sie den Unterschied zwischen den beiden Operationen
– Auflösung einer Gleichung nach x
– Bildung der Umkehrfunktion
nicht genau kennen. Sie müssen noch einmal den Abschnitt 2.3. studieren. Bilden Sie dabei anhand des Textes die Umkehrfunktion für

$$y = \frac{1}{x+1} \quad \text{und}$$

$$y = e^{2x}$$

Beispiele für Lerntechniken: Intensives Lesen, Exzerpieren.
Hier soll gelernt werden, Stichworte eines Textes zu exzerpieren und Rechnungen nachzuvollziehen. Im integrierenden Leitprogramm heißt es dazu:

Bearbeiten Sie Abschnitt 3.2.!
Hier kommt es darauf an, die neuen Begriffe zu lernen und ihre Bedeutung aktiv reproduzieren zu können. Die Begriffe werden im folgenden Kapitel gebraucht. Schreiben Sie die Begriffe heraus, und machen Sie sich möglichst kurze Stichwortnotizen dazu. Die Notizen sollten ausreichen, um die Begriffe zu rekapitulieren und um anschließend Fragen im Leitprogramm beantworten zu können.

Im Leitprogramm werden dann die Begriffe abgefragt, wobei der Lerner auf die Notizen zurückgreifen kann. Mit Hilfe dieser Exzerpte wird im übrigen eine Basis für spätere Wiederholungen aufgebaut und geübt, relevante Textstellen von irrelevanten zu unterscheiden.

Selbstkontrolle: Eine wichtige, zugleich jedoch äußerst schwierige Aufgabe ist, den Lerner zu befähigen, selbständig den eigenen Lernfortschritt zu kontrollieren und richtig einzuschätzen. Beispiel:

Bearbeiten Sie Abschnitt 3.4.!
Hier geht es darum, einige grundlegende Regeln für das Differenzieren zu lernen. Sie wissen bereits, daß im Leitprogramm jeweils nach dem Studium

eines Abschnittes überprüft wird, ob Sie die neuen Begriffe kennen. Eine der wichtigsten Fähigkeiten für das Studium ist, derartige Kontrollen *selbst und ohne* Hilfe durchzuführen. Beim systematischen Studium hat es erst dann Sinn weiterzugehen, wenn die grundlegenden neuen Begriffe und Operationen beherrscht werden. Daher stehen am Schluß der Lektion im Lehrbuch Übungsaufgaben. Kontrollieren Sie dieses Mal mit Hilfe der Übungsaufgaben, ob Sie die Regeln beherrschen. Kehren Sie erst dann in das Leitprogramm zurück, wenn Sie sich davon überzeugt haben.

Der Anteil derartiger Einführungen und Erläuterungen von Lerntechniken – in vielen Fällen werden zu ihrer Begründung auch lernpsychologische Befunde mitgeteilt – macht einen Umfang von etwa 10% des integrierenden Leitprogramms aus. Der Anteil und der Schwierigkeitsgrad dieser Übungen kann im übrigen im Sinne eines vom Lerner gesteuerten Lernens selbst bestimmt werden. Die Einführung der Lerntechniken ist nicht gleichmäßig über den ganzen Kurs verteilt, sondern nimmt gegen Ende hin leicht ab.
Technisch ist das integrierende Leitprogramm in Form eines verzweigten Buches (scrambled book) realisiert.
Viele Entscheidungen werden dem Lerner hinsichtlich des Arbeitsfortgangs überlassen. In diesen Fällen werden ihm die jeweiligen Konsequenzen und Randbedingungen mitgeteilt.

3. Empirische hochschuldidaktische Untersuchung

Auf der Grundlage des beschriebenen Materials wurden zwei Untersuchungen durchgeführt. Die Untersuchungen erstreckten sich jeweils über ein volles Semester und umfaßten daher immer etwa die erste Hälfte des Kurses.

1. Untersuchung: Vergleich zwischen Arbeit an integrierenden Leitprogrammen und personalem Unterricht.

Fragestellung:
a) Lernzuwachs: Treten Unterschiede im fachlichen Lernzuwachs aufgrund der unterschiedlichen Lernformen auf?
b) Lerntechniken: Bestehen nach einem Semester Unterricht Unterschiede in der Lerntechnik der Studenten?
c) Einstellung: Wie beurteilen Studenten die Arbeit mit integrierenden Leitprogrammen, und wie können apersonale Unterrichtsformen in geeigneter Weise in den Lehrplan eingebaut werden?

Der Versuch erstreckte sich über ein Semester (WS 72/73, 13 Lektionen). Einbezogen wurde ein vollständiger Jahrgang von Lehramtskandidaten der Sekundarstufe I (Parallelgruppenversuchsplan). Der personale Unterricht erfolgte durch zwei akademische Mitarbeiter. Die Gruppen wurden nach folgenden Merkmalen parallelisiert: Mathematiktest für Abiturienten und Studienanfänger (MTAF; *Lienert*), sowie nach dem Intelligenzstrukturtest (IST; *Amthauer*). Weiter wurden erhoben: Abiturnoten, Geschlecht, Alter, Schultyp sowie Anstrengungsvermeidungstest (AVT; *Rollett*).

Tabelle 1:

	Abiturnoten Deutsch	Mathem.	Physik	MTAF	I-S-T
V	2,96	2,80	2,82	56,7	110,8
K	3,10	3,00	2,75	54,9	109,7

Durchführung:
Versuchsgruppen (Abkürzung: V) N=26: Bearbeitung je einer Lektion anhand eines integrierenden Leitprogramms pro Woche. Bearbeitung des Leistungstests, Besprechung der Aufgaben des Leistungstests mit Tutoren.
Kontrollgruppe (Abkürzung: K) N=22: Zweistündiger Unterricht, Vortrag mit Fragemöglichkeit auf der Grundlage des Lehrbuchs. Bearbeitung des Leistungstests nach einer Woche. Besprechung der Testaufgaben nach der Bearbeitung. Beiden Gruppen stand das gleiche Lehrbuch zur Verfügung.

Ergebnisse:
a) Lernzuwachs
aa) Wöchentlich wurde ein Leistungstest (6–12 Aufgaben in objektivierter Form, Auswahlantworten) bearbeitet. Mittelwert der 13 Leistungstests (Anteil richtiger Antworten):
V=73,5%
K=65,5%   ($p \leq 0.01$)
ab) Am Ende des Semesters wurde ein zusammenfassender Abschlußtest bearbeitet. Er enthielt 51 Aufgaben in objektivierter Form (Auswahlantwortform):
V=68,3%
K=58,9%   ($p \leq 0.01$)

Die Ergebnisse zeigen eine sehr signifikante Differenz zugunsten der Gruppen, die mit dem integrierenden Leitprogramm arbeiteten. Geschlechtsspezifische Unterschiede zugunsten einer leichten Überlegenheit der Gruppe der männlichen Teilnehmer in den Leistungstests sind beim Abschlußtest nicht nachweisbar.

b) Lerntechniken

Da direkte Meßinstrumente für Lerntechniken nicht vorhanden sind, wurde in unserer Untersuchung ein eigener Test entwickelt, dessen Grundgedanke kurz skizziert sei:

Der Lerner wird während des Tests in Lernsituationen versetzt, in denen die Anwendung zweckmäßiger Lerntechniken zu besseren Resultaten führt. Die Lernsituationen in unserem Test beziehen sich nicht auf Mathematik, sondern, um trivialen Transfer auszuschließen, auf andere Gebiete (Lernpsychologie, Informationstheorie, Betriebswirtschaft).

1. Lerntechnik »Intensives Lesen, Exzerpieren«:
   Innerhalb von 20 Minuten kann der Lerner aus einem Lehrbuchtext von 6–8 Seiten die wesentlichen Begriffe und Zusammenhänge exzerpieren. Anschließend sind auf Grund der Exzerpte Auswahlantworten zu beantworten.
2. Lerntechnik »Selektives Lesen«:
   Innerhalb einer Zeitbegrenzung von 10 Minuten sind anhand von Fachbuchliteratur Detailfragen zu beantworten.
3. Lerntechnik »Plausibilität, Ergebniskontrolle«:
   Innerhalb einer Zeitbegrenzung von 10 Minuten sind Aufgaben zu lösen, die durch Plausibilitätsbetrachtungen und Extremwertbetrachtungen beantwortet werden können.
4. Lerntechnik »Registerbenutzung«:
   Innerhalb einer Zeitbegrenzung von 10 Minuten sind unbekannte Begriffe und Sachverhalte in einem Standardlehrbuch aufzusuchen.

Ergebnisse: Bei allen Gruppen ergibt sich im Lauf der Untersuchung ein Zuwachs der Lerntechniken. Dieser Zuwachs zeigt jedoch deutliche Unterschiede. In den zentralen Arbeitstechniken »Intensives Lesen« und »Selektives Lesen« zeigen die Versuchsgruppen einen höheren Zuwachs als die Kontrollgruppen. Nur im Test »Registerbenutzung« ist die Kontrollgruppe überlegen. Da das Register während der Untersuchung nicht vorlag, ist hier keine gruppenspezifische Behandlung erfolgt.

Unterschiede im Sinne der Arbeitshypothese traten in allen relevanten Dimensionen auf. Dies bestätigt den Grundansatz, Lerntechniken mit Hilfe von integrierenden Leitprogrammen in die fachlich orientierte Arbeit zu integrieren.

1. Intensives Lesen

	vorher	nachher	Zuwachs
V	53,3%	70,3%	17,0%
K	55,7%	65,2%	9,5%

2. Selektives Lesen

	vorher	nachher	Zuwachs
V	43,3%	70,6%	27,3%
K	58,9%	73,0%	14,1%

3. Plausibilität

	vorher	nachher	Zuwachs
V	47,6%	71,0%	23,4%
K	48,9%	61,6%	12,7%

4. Register

	vorher	nachher	Zuwachs
V	49,4%	51,8%	2,4%
K	45,1%	52,6%	7,5%

c) Einstellung der Studenten

Während der Untersuchung wurde zu Beginn, in der Mitte und am Schluß die Einstellung zu den Lehrformen Vorlesung, Gruppenarbeit, Seminar (Tutorengruppe) und Leitprogramm erhoben. Dabei ergab sich deutlich eine Rangskala in der Beliebtheit der Unterrichtsformen. Am beliebtesten ist Gruppenarbeit, gefolgt von Seminararbeit, Selbststudium mit Leitprogramm und am unbeliebtesten ist die Vorlesung.

Interessant sind die Unterschiede bei Versuchs- und Kontrollgruppe. Vorlesung und Gruppenarbeit werden gleich beurteilt. Die jeweils für die Gruppe spezifische Arbeitsform büßt im Laufe des Semesters an Beliebtheit ein.

2. Untersuchung: Sie wurde im Wintersemester 73/74 mit einer revidierten Fassung des integrierenden Leitprogramms durchgeführt.

Fragestellung:
a) Sind die Ergebnisse der Arbeit mit dem Integrierenden Leitprogramm reproduzierbar?
b) Lassen sich Unterschiede bei integrierenden Leitprogrammen nachweisen, die auf die Erläuterung der Arbeitstechnik zurückgeführt werden können?

Um die Konkurrenzsituation zwischen zwei Gruppen mit offensichtlichen Behandlungsunterschieden (Unterricht durch akademische Mitarbeiter, Selbststudium anhand von Programmen) auszuschließen, arbeiteten diesmal alle an der Untersuchung beteiligten Studenten mit Leitprogrammen.
Als Behandlungsunterschied wurde untersucht, welcher Einfluß der expliziten Erläuterung von Arbeitstechniken zukommt. Die integrierenden Leitprogramme wurden in zwei Versionen hergestellt:

a) Arbeitsanweisung und Steuerung der fachlichen Arbeit (Gruppe 1).
b) Arbeitsanweisungen und Steuerung der fachlichen Arbeit mit zusätzlicher expliziter Erläuterung der Lerntechniken (Gruppe 2).

Als Kontrollinstrumente wurden die – in einigen Punkten unwesentlich veränderten – Tests der ersten Untersuchung benutzt.

Ergebnisse:
a) Lernzuwachs

Leistungstests: (Mittelwert von 12 Lektionen):
　　　　　　　　Gruppe 1: 76.3%
　　　　　　　　Gruppe 2: 73.8%
Abschlußtests:　Gruppe 1: 65.5%
　　　　　　　　Gruppe 2: 69.5%

b) Lerntechniken:
1. Intensives Lesen

	vorher	nachher	Zuwachs
1. Gruppe (N=19)	50.0%	63.7%	13.7%
2. Gruppe (N=15)	62.7%	70.0%	7.3%
1.+2. Gruppe (N=34)	55.6%	66.5%	10.9%

2. Selektives Lesen

	vorher	nachher	Zuwachs
1. Gruppe	77.2%	78.1%	0.9%
2. Gruppe	67.8%	77.8%	10.0%
1.+2. Gruppe	73.1%	78.0%	6.9%

3. Plausibilität

	vorher	nachher	Zuwachs
1. Gruppe	53.9%	72.4%	18.5%
2. Gruppe	50.0%	65.8%	15.8%
1.+2. Gruppe	52.2%	69.5%	17.3%

4. Register

	vorher	nachher	Zuwachs
1. Gruppe	71.6%	73.8%	2.2%
2. Gruppe	56.0%	78.7%	22.7%
1.+2. Gruppe	64.7%	76.0%	11.3%

Im Abschlußtest ergibt sich eine Überlegenheit der Gruppe, der die Lerntechniken explizit erläutert wurde.
In beiden Gruppen ergab sich eine Zunahme der Lerntechniken. Die Zunahme bewegt sich im Rahmen der Zunahme, die in der ersten Untersuchung für die Leitprogrammgruppe festgestellt wurde.
Dieses Ergebnis bestätigt die Reproduzierbarkeit der Wirkungen des integrierenden Leitprogramms. Die Unterschiede in den beiden Versionen des Leitprogramms schlagen gegenüber der Gesamtwirkung wenig zu Buche.

4. Didaktische Konsequenzen

Lerntechniken sind langfristig aufzubauende Verhaltensweisen. Eine einsemestrige zweistündige Veranstaltung, wie sie den empirischen Untersuchungen zugrunde liegt, ist eine kurze Einwirkung. Umso ermutigender ist das Ergebnis. Lerntechniken lassen sich offensichtlich durch Übung und Förderung im Rahmen von Selbstinstruktionsmaterial entwickeln.
Das Ergebnis sollte auf die Schule übertragen werden. Lerntechniken sollten im tertiären Bereich bereits entwickelt sein. Ihre Entwicklung ist eine primäre Aufgabe der Schule. Das eigentliche Problem ist, die Übung von Lerntechniken als Aufgabe des Unterrichts zu erkennen und in den Unterricht zu integrieren. Förderung von Lerntechniken ist ein allgemeines Lehrziel der Schule. Es macht den Einzelnen autonom und unabhängiger von der Institution und Personen. Lerntechnik ist die Fähigkeit zur Selbsthilfe und baut Abhängigkeiten ab. Lerntechniken schaffen die Voraussetzungen für Mitentscheidung über Lehrziele. Schließlich ist die individuelle Beherrschung effizienter Lerntechniken die Voraussetzung für jede Form der Kooperation in Gruppen. Sie ermöglicht es dem Einzelnen, seinen eigenen konstruktiven Beitrag zur Gruppenarbeit zu leisten.
Autonome Lerntechniken lassen sich über Instrumente der Bildungstechnologie aufbauen. Man kann darin ein emanzipatorisches Potential der Bildungstechnologie sehen, das noch weitgehend ungenutzt ist. Integrierende Leitprogramme lassen sich mit verschiedener Zielsetzung für begrenzte Themen leicht entwickeln, wenn Standardlehrbücher, die die volle Information enthalten, vorliegen. Der Umfang der Selbstinstruktionsaufgaben kann dabei an die jeweils erreichte Lernfähigkeit angepaßt werden. Auch im Bereich der Lerntechniken kann im Rahmen einzelner integrierender Leitprogramme eine Schwerpunktbildung vorgenommen werden. Damit ist eine flexible innere Differenzierung auf bildungstechnologischer Grundlage möglich.
Selbstinstruktionsphasen im Sinne integrierender Leitprogrammarbeit sollen dabei nicht als Ersatz des personalen Unterrichts, sondern als Ergänzung gesehen und eingesetzt werden. Selbstinstruktionsphasen sind keine vom Unterricht isolierten Lernelemente. Sie erlauben vielmehr eine Gesprächsorientierung des personal geführ-

ten Unterrichts und unterstützen kompetente Diskussion und Anwendung des Gelernten.

Anmerkungen:

[1] Die in der bildungspolitischen Diskussion der Vergangenheit über den Stellenwert der Fächer in Gymnasien oft gebrauchte These, der u. a. Thorndike widersprach, das Studium der klassischen Sprachen führe zu einer formalen Bildung, die einen Transfer auf alle Lebensbereiche habe, könnte folgenden erwägenswerten Kern haben: Die beim Erlernen der klassischen Sprachen erworbenen Lerntechniken geben dem Individuum einen Vorteil bei der Bewältigung aller späteren Lernaufgaben – während die eigentlichen Kenntnisse vermutlich demgegenüber eine untergordnete Rolle spielen.

[2] Verschiedene Ansätze zur Realisierung von Lehr- und Leitprogrammen mit variablen Freiheitsgraden für den Lerner in Buchform sowie im Rahmen eines Computerunterstützten Unterrichts werden in dem Sammelband: Fortschritte und Ergebnisse der Bildungstechnologie II, München, 1973, diskutiert (Boeckmann, Brandt, Freibichler, Lahn, Klotz, Schirm, Weltner et al.).

[3] Entwicklung von Lehrbuch und Leitprogramm erfolgten in einem gemeinsamen Projekt einer Arbeitsgruppe am Institut für Didaktik der Physik (Universität Frankfurt) mit dem Bildungstechnologischen Zentrum (BTZ Wiesbaden).
Autoren: K. Weltner, P. Engelhardt, H. Wiesner (Universität Frankfurt), P. B. Heinrich, H. Schmidt (BTZ Wiesbaden).

[4] Liste von Arbeitstechniken, die im Leitprogramm erläutert werden:
1. Arbeitseinteilung
1.1. Termine setzen, Termine halten.
Beginnend mit der Festlegung von kleinen Arbeitsabschnitten und Pausen werden Einteilung und Terminierung größerer Arbeitseinheiten geübt.
1.2. Tätigkeitswechsel
1.3. Förderliche Arbeitszeiten
1.4. Regeln für Gruppenarbeit und Zusammenarbeit:
a) Gruppenarbeit als Vorbereitungsphase zur Strukturierung von Problemen
b) Gruppenarbeit zur Diskussion von Ergebnissen und Lösung neuer Probleme mit Hilfe in Einzelarbeit erworbener Verfahren
c) Verbindung von Arbeit und Einzelarbeit
2. Intensives Lesen
2.1. Orientieren, Vorstrukturieren, Benutzung von Inhaltsverzeichnis und Überschriften

2.2. Intensives Lesen, Exzerpieren; Entscheidungsübungen bezügl. wesentlicher und unwesentlicher Information
2.3. Lernen im Zusammenhang
2.4. Lehrstoffabhängigkeit der Lerntechnik: Intensive Wiederholungsnotwendigkeit bei kohärenten Lehrstoffen, Benutzung von Zugriffsverfahren zu lexikalischen Informationsspeichern bei nicht kohärenten Lehrstoffen
3. Selektives Lesen
4. Wiederholungstechniken, Prüfungsvorbereitung
5. Selbstkontrolltechniken
6. Benutzung weiterführender Literatur

[5] Die Durchführung der Rechnungen und statistischen Auswertungen nahm Herr P. Keitel vor. Für die Durchführung der Rechnungen danken wir dem Zentralen Recheninstitut (ZRI) der Johann Wolfgang Goethe-Universität.

Literatur

Green, B. A.: Physics teaching by the Keller-Plan at MIT. In: American Journal of Physics, 1972, S. 764–775

Schirm, R. W.: Auswirkungen der Unterrichtstechnologie auf die Ausbildung in Wirtschaft und Erwachsenenbildung. Vortrag, GPI-Symposion Köln 1971

Weltner, K./Wiesner, H.: Förderung von Selbstinstruktionstechniken durch integrierende Leitprogramme. In: Unterrichtswissenschaft, 2/1973

Weltner, K.: Computerunterstützung im Hochschulstudium. In: Freibichler (Hrsg.): Computerunterstützter Unterricht – Stand und Perspektiven. Hannover 1974

Zielke, W.: Schneller lesen – besser lesen. München 1969 (Lehrbuch und Leitprogramm)

Die individuelle Arbeitszeit und andere Determinanten bei Programmiertem Unterricht – Konsequenzen für die pädagogische Diagnostik und die pädagogische Therapie im differenzierten Unterricht

Brigitte Rollett / Matthias Bartram

Zum Problem der Individualisierung

Der Programmierte Unterricht, von *Skinner* und anderen als konsequente Anwendung lerntheoretischer Prinzipien auf die Vermittlung schulischen Wissens konzipiert, ist unter der Prämisse angetreten, durch Ausarbeitung von Bekräftigungsplänen, die den individuellen sachstrukturellen Entwicklungsstand, die kognitiven Stile und Variablen der Lernmotivierung berücksichtigen, alle Schüler zu einem definierten Verhaltensziel zu bringen. Im Verlauf umfangreicher Programmentwicklungs- und Forschungsvorhaben hat sich der Programmierte Unterricht als ein brauchbares Unterrichtsverfahren erwiesen, dessen Vorteil vorzugsweise in der Überprüfbarkeit seiner Ansprüche und der Lerneffektivität liegt.

Unter dem Zwang, relativ schnell herstellbare und einsatzfähige Programme zu entwickeln, haben sich auf dem deutschen Markt zumeist linear oder mit wenigen Verzweigungen konzipierte Buchprogramme durchgesetzt. Diese Programme können natürlich nicht die ursprünglich geforderten individuellen Lernwege in voller Breite anbieten.

Zu den wesentlichen Erkenntnissen, die die pädagogische Forschung aus dem Einsatz objektivierter Lehrmedien (Buchlehrprogramme, Lehrmaschinendarbietung, computerunterstützter Unterricht) gewonnen hat, zählt jedoch die Erfahrung, daß bereits durch die Freigabe der Arbeitszeiten bei PU eine wesentlich größere Gruppe von Schülern das festgesetzte Lehrziel erreichen kann, als im üblichen Klassenunterricht. In der Diskussion der Chancen des Programmierten Unterrichts wurde »Individualisierung« oft geradezu gleichgesetzt mit der Möglichkeit, sich sein Arbeitstempo frei wählen zu können. Dem widersprachen andererseits Ergebnisse aus korrelationsanalytisch aufgebauten Untersuchungen über den Zusammenhang zwischen Lernerfolg und Arbeitszeit; sie erbrachten oft nur schwache Korrelationen zwischen beiden Variablen. Außerdem findet man in der Regel auch bei denselben Schülergruppen bei verschiedenen Programmen beträchtliche Unterschiede in der Enge des Zusammenhanges. Die Vermutung liegt nahe, daß die uneinheitlichen Ergebnisse darauf zurückzuführen sind, daß auf der Schülerseite unterschiedliche »Lerntypen« vorliegen, für die die Individualisierung der Lernzeiten nicht gleich günstig ist. Ebenso lassen diese Befunde darauf schließen, daß der Zeitfaktor nicht für alle Stoffgebiete von gleicher Bedeutung ist (*Alter* und *Silverman* 1962; *Briggs* 1961; *Moore* und *Smith* 1964; *Schwarzer* 1971). Zur Klärung dieser Fragen führten die Autoren eine größer angelegte Untersuchung bei Schülern des 7. und 8. Schuljahres durch. Differenzierungsprobleme sind heute angesichts der Reform der Sekundarstufe 1 besonders wesentlich: Eine den Leistungsmöglichkeiten der Schüler nicht entsprechende Zuweisung kann erheblichen negativen Einfluß auf ihre späteren Berufschancen nehmen, ob es sich nun um die Folgen eines unzureichenden Angebotes oder von nicht ausgeschöpften Förderungsmöglichkeiten handelt. Das Ziel des Forschungsprojektes war es u. a., die ursprünglich formulierte Prämisse des Programmierten Unterrichts einlösen zu helfen, auch und gerade die lernschwachen Schüler zu fördern.

Es ist also zu fragen, welche Merkmale (Leistungs-Persönlichkeits-Motivationsmerkmale usw.) den Lernerfolg im PU determinieren. Aus der Kenntnis dieser Faktoren lassen sich z. B. »remedial programs«, Leit- und Lehrprogramme, die diese Lernvoraussetzungen schaffen helfen, gezielt entwickeln. Der differenzierte Einsatz eines solchen Angebots von wahlweise programmierten oder nicht programmierten Lernhilfen gestattet es dem Lehrer, auch die lernschwachen Schüler in den gemeinsamen Lernprozeß der Schulklasse zu integrieren. Von der reinen Wissensvermittlung teilweise entlastet, kann er sich auf die Anwendung und Diskussion der Wissensinhalte konzentrieren bzw. sich der individuellen Betreuung einzelner Schüler widmen.

Programmierter Unterricht als Modellsituation

Untersuchungen über schulisches Lernen führen häufig zu außerordentlich widersprüchlichen Ergebnissen. Zwar kann ein Teil dieser Unterschiede durch Abweichungen im Untersuchungsansatz erklärt werden, doch geht ein wesentlich größerer Anteil zu Lasten der Unmöglichkeit, Lehrerunterricht zu standardisieren. Die Vorteile des Lehrerunterrichtes liegen ja gerade in der Reaktionsmöglichkeit auf Veränderungen im Klassenraum; auf Schülerbeiträge, die in ihrer Breite nicht vorhergesehen werden können u. a. m. Will man daher ein unverfälschtes Urteil über die Bedingung der Leistungsfähigkeit von Schülern erhalten, ist der normale Klassenunterricht als Kriterium ungeeignet. Der Programmierte Unterricht bietet demgegenüber eine akzeptable Alternative: Als standardisierte Lernsituation gestattet er die Untersuchung der auf seiten des Schülers und des Lehrstoffes beteiligten Variablen ohne Verzerrung durch unkontrollierte Einflüsse. Sind die wesentlichen Variablen erkannt und beschrieben, so kann versucht werden, die Ergebnisse auf den Klassenunterricht zu übertragen, indem man gezielt eine Variablengruppe nach der anderen in die Untersuchung mit einbezieht.

Untersuchungsaufbau

Die Untersuchung wurde bei 26 Klassen mit etwas über 800 Schülern durchgeführt. Als Lernsituation wurden 3 Lehrprogramme aus den Bereichen Physik, Mathematik und Deutsch verwendet. (Der »Viertaktmotor« von *Weltner/Kunze,* »Drehen und Klappen« von *Viet/Ragnitz* und »Der Lebenslauf« von *Plickat*). Als *Programmvariablen* wurden erhoben: Vor-Nach-(=Lern-) testwerte und die Behaltenstestergebnisse etwa vier Wochen nach Abschluß der Programmarbeit; weiterhin wurden die Arbeitszeiten bei den Programmen festgehalten.
Als *Prädiktorvariablen* wurden erhoben: Sozialdaten der Schüler, eine Intelligenztestbatterie, Persönlichkeitstests und Motivationsfragebogen sowie Schulzensuren der Kinder.
Um einen Klasseneffekt zu vermeiden, wurden aus sämtlichen Klassen je zwei repräsentative Stichproben mit ca. 100 Schülern gezogen, für die die komplexeren statistischen Auswertungsverfahren durchgeführt wurden.

Tabelle 1: Korrelationen zwischen Arbeitszeit und Lernerfolg

	Viertaktmotor		Lebenslauf		Drehen und Klappen	
	Lern-test	Behaltens-test	Lern-test	Behaltens-test	Lern test	Behaltens-test
Arbeitszeit	.33	.28	.16	.18	.39	.31

Die Korrelationen in Tabelle 1 bestätigen den bereits oben angedeuteten Tatbestand: Zwar bestehen bei den Programmen »Viertaktmotor« und »Drehen und Klappen« sehr signifikante Korrelationen zwischen Arbeitszeit und Lernerfolg, doch klären diese nur etwa 9% bis 15% der Varianz auf. Dieser Zusammenhang ist sicher nicht hoch genug, um in undifferenzierter Weise an einer Individualisierung nur über die Arbeitszeiten festhalten zu können. (Andererseits ist unbestritten, daß eine Differenzierung unter Hinzunahme der individuellen Arbeitszeiten bereits einen erheblichen Fortschritt gegenüber der heute meist üblichen Differenzierung nach dem Leistungskriterium darstellt.) Die Korrelation zwischen Lern- und Behaltenstestergebnissen und der Arbeitszeit bei dem Programm »Lebenslauf« sind dagegen niedrig und nicht signifikant.

Eine Interpretation bietet sich an, wenn man den Aufbau der in den Programmen behandelten Stoffgebiete berücksichtigt: Sowohl beim Programm »Viertaktmotor« wie bei dem Lehrprogramm »Drehen und Klappen« handelt es sich um sogenannten *kohärenten* Lehrstoff (*Weltner* 1970).

Kohärenter Lehrstoff ist dadurch charakterisiert, daß ein klarer, logischer Aufbau vorliegt. Spätere Lehrschritte können nur erfolgreich bearbeitet werden, wenn die vorhergehenden Lehrschritte völlig beherrscht werden; mit anderen Worten: eine Verlängerung der Arbeitszeit und die damit verbundene Möglichkeit zur sorgfältigeren Durcharbeitung des Programms führt zu einer Verbesserung der Lernergebnisse.

Im Programm »Lebenslauf« bestehen keine derartigen Abhängigkeiten der Lehrschritte untereinander. An einer späteren Stelle im Lehrprogramm angeordnete Lehrschritte könnten ebenso gut am Anfang stehen. Die einzelnen Lehrschritte können daher auch isoliert voneinander bearbeitet werden. Auch bei unsystematischer Arbeitsweise ist ein guter Lernerfolg prinzipiell möglich, oder, anders ausgedrückt, sowohl sorgfältige, systematische Arbeitsweise, als auch kursorische und damit raschere Bearbeitung können zum Erfolg führen.

Die durch diese Ergebnisse nahegelegte Beziehung zwischen Art des Lehrstoffs und Arbeitsstil konnten wir durch weitere Ergebnisse absichern. Unter den erhobenen Tests befand sich eine von uns entwickelte Version für Hauptschulen eines von *Kemmler* vorgeschlagenen Tests, bei dem sinnvolle Wörter aus Buchstabengruppen herauszusuchen sind.

Die in der differentiellen Psychologie immer wieder identifizierten typischen Arbeitsverhalten – »Quantitätsarbeit« versus »Qualitätsarbeit« (*Rohracher* 1969, vergl. auch die Untersuchungen zum *Pauli*'schen Arbeitsversuch) konnten bei diesem Test erneut bestätigt werden. Sorgfältige Durcharbeitung erbringt eine geringe, flüchtige Durcharbeitung eine größere Anzahl übersehener Wörter, wobei allerdings im ersteren Fall weniger Zeilen durchgearbeitet werden als im letzteren. Die Anzahl der Fehler bei diesem Test eignet sich mithin zur Diagnose des Arbeitsstils. Erwartungsgemäß fanden wir beispielsweise eine Beziehung zwischen niedrigem Fehlerprozent und gutem Lernerfolg beim Physiklehrprogramm.

In ähnliche Richtung weist ein Ergebnis im Zusammenhang mit einer differenzierten Analyse der Lösungshäufigkeiten der einzelnen Aufgaben der Programmtests: Hier ließ sich eine Gruppe von Schülern identifizieren, bei denen eine Diskrepanz zwischen Versagen bei den meisten Einzelitems des Programms »Viertaktmotor« und sehr gutem Abschneiden bei einigen wenigen Items vorlag: Die gut gekonnten Items prüften sämtlich Lehrstoff ab, der zu Beginn des Lehrprogramms behandelt worden war. Beim Programm »Lebenslauf« streuten die gekonnten Aufgaben dagegen über den gesamten Stoff.

Clusteranalyse der Programmvariablen

Die Ergebnisse der Korrelationsanalyse legen es nahe, ein Auswertungsverfahren anzuwenden, bei dem die Identifikation homogener Schülergruppen nach ihrem typischen Lernverhalten möglich ist. Hierdurch soll es einerseits möglich werden, sinnvolle Differenzierungsgruppen für die praktische Programmarbeit bilden zu können, andererseits sollten Vorschläge für die Entwicklung eines Förderangebotes für Schüler mit definierten Ausfällen abgeleitet werden können.

Wir führten daher mit den erhobenen Daten eine Clusteranalyse nach dem Kriterium der Varianzminimierung (*Ward* 1963; *Veldman* 1967; *Ihm* 1965) durch. Hierbei werden die zu ordnenden Einheiten sukzessive zu immer größeren Gruppen zusammengeschlossen, wobei bei jedem Schritt der nächste Zusammenschluß so gewählt wird, daß die durch die Zusammenfassung bewirkte Fehlervarianz (Summe der Abweichungsquadrate vom Schwerpunkt der Gruppe) ein Minimum darstellt. Interpretiert werden jene Gruppen, bei deren Zusammenschluß eine signifikante Erhöhung des Fehlergliedes anzeigt, daß heterogene Gruppen vereinigt wurden (siehe Abbildung 1).

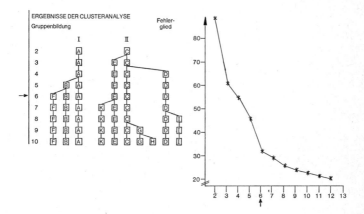

Wie aus der Abbildung 1 ersichtlich, steigt das Fehlerglied beim Zusammenschluß zu 6 Gruppen sprunghaft an. Da überdies bei der Clusteranalyse der zweiten (hier nicht abgebildeten) Stichprobe dieselben 6 Gruppen nachgewiesen werden konnten, ist es angezeigt, diese 6 Gruppen zum Ausgangspunkt der weiteren Untersuchung zu nehmen.

Um die Interpretation zu erleichtern, führten wir zunächst getrennt, dann für beide Stichproben gemeinsam eine multiple Diskriminanzanalyse der Gruppen durch (siehe Abbildung 2).

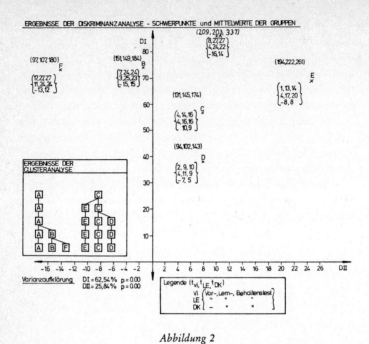

Abbildung 2

Tabelle 2: Verteilung der Arbeitszeiten

	Kurze Arbeitszeiten		Mittlere Arbeitszeiten		Lange Arbeitszeiten	
Lernerfolg	sehr gut	mittel schlecht	sehr gut	mittel schlecht	sehr gut	mittel schlecht
Gruppe	F+D		B+C		A+E	
% Schüler	21%		48%		31%	

Danach sind die Gruppen nach den Programmvariablen wie folgt charakterisiert: Wie die Gruppenbildung andeutet, sind zwei Großgruppen zu unterscheiden: I und II. Betrachtet man die Ergebnisse der Arbeitszeiten und der Programmtests, so zeigt sich, daß die

Tabelle 3: Lern- und Behaltenstestergebnisse und Arbeitszeiten

Stichprobe 1

	F		A		B		E		C		D	
	Lt	Bt	Lt	Bt	Lt	Bt	Lt	Bt	Lt	Bt	Lt	Bt
Vi	27	27	27	27	24	24	13	14	14	16	9	10
Le	24	24	24	22	25	23	17	20	16	16	11	9
Dk	13	12	16	14	15	15	8	8	10	9	7	5
Ges. P. LP	64	63	67	63	64	62	38	42	40	41	27	24
Az Vi	97		208		151		194		131		94	
Az Le	107		209		149		222		145		102	
Az Dk	170		337		184		261		174		143	
Ges. Az	374		754		484		677		450		339	

Stichprobe 2

	F		A		B		E		C		D	
	Lt	Bt	Lt	Bt	Lt	Bt	Lt	Bt	Lt	Bt	Lt	Bt
Vi	26	27	27	26	25	24	13	14	16	17	7	9
Le	23	24	25	24	23	22	17	16	20	20	9	8
Dk	11	17	16	14	22	20	10	8	8	8	5	5
Ges. P. LP	60	68	68	64	70	66	40	38	44	45	21	22
Az Vi	124		236		145		137		133		112	
Az Le	127		214		136		171		143		113	
Az Dk	179		299		231		239		145		138	
Ges. Az	430		740		512		547		421		363	

Legende: Lt = Lerntest Dk = Drehen und Klappen
Bt = Behaltenstest Ges. P = Gesamtpunkte
Vi = Viertaktmotor Az = Arbeitszeit
LE = Lebenslauf Ges. Az = Gesamtarbeitszeit

Großgruppe I die Schüler mit gutem bis sehr gutem Lernerfolg umfaßt, die Großgruppe II hingegen Schüler mit deutlich geringerer Leistung. Die je drei Untergruppen sind dagegen in erster Linie durch die Arbeitszeit zustande gekommen: Sowohl bei I wie bei II findet sich je eine Gruppe mit kurzer, mittlerer und langer Arbeitszeit (siehe Tabelle 2).
Im einzelnen sind die Ergebnisse in Tabelle 3 aufgeführt.
Die Prozentangaben über die Anzahl der Schüler in den einzelnen Gruppen können als erste Orientierung für die Stärke der zu erwartenden Differenzierungsgruppen nach dem Merkmal »Arbeitszeit« dienen. Allerdings ist nachdrücklich darauf hinzuweisen, daß Schulklassen nicht wie unsere repräsentativ ausgewählten Stichproben Zufallsgruppen darstellen. Im Einzelfall können erhebliche Abweichungen von diesen Angaben vorkommen. In Wohngebieten, die überwiegend Familien mit niedrigen Einkommen umfassen, werden z. B. wesentlich mehr Schüler zu erwarten sein, die über nicht ausreichende Arbeitstechniken verfügen.
Die ausführlichen Angaben in Tabelle 3 bestätigen einen Erfahrungswert bei der zeitlichen Planung von Lehrprogrammarbeit: die langsamsten Schüler benötigen etwa doppelt so lange wie der schnellste Schüler; Schüler mit mittlerer Arbeitszeit brauchen etwa $1/3$ mehr Arbeitszeit als schnell arbeitende Schüler. (Hat der Lehrer z. B. mit einem Programm noch nicht gearbeitet, so kann er seine weitere zeitliche Planung nach diesen Hinweisen vornehmen, sobald die ersten Schüler ihre Programmarbeit beendet haben.)
Die Resultate der Clusteranalyse erklären die relativ niedrigen Korrelationen zwischen Arbeitszeit und Lernerfolg: kurze Arbeitszeiten können sowohl mit hohem (Gruppe F) als auch mit niedrigem Lernerfolg (Gruppe D) gekoppelt sein. Ebenso ist sowohl sehr guter Lernerfolg als auch mittlerer Lernerfolg bei langen Arbeitszeiten möglich (Gruppen A u. E).

Diskriminanzanalyse der Prädiktorvariablen des Lernerfolges

Es ist anzunehmen, daß sich die Schüler der Großgruppen I u. II auch im Bezug auf ihre Intelligenz und ihre Persönlichkeitsvariablen unterscheiden. Um dieses nachzuprüfen, führten wir eine weitere Diskriminanzanalyse der Ergebnisse der Intelligenz- und Persön-

Ergebnisse der Diskriminanzanalyse
Schwerpunkte und Mittelwerte* der Gruppen

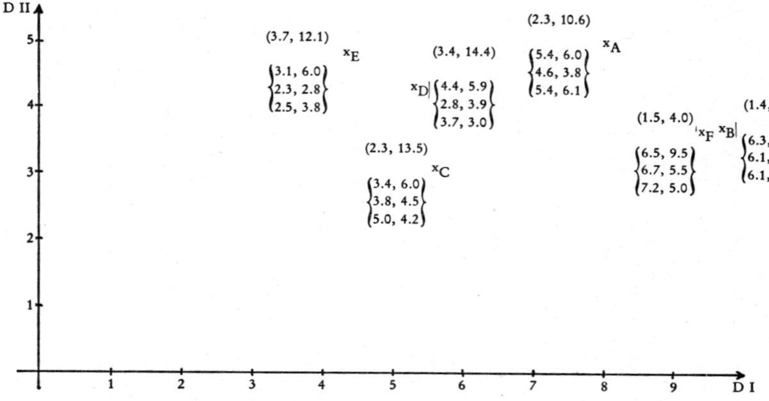

```
D II
 5
                  (3,7, 12,1)  x_E
 4                              
                               (3,1, 6,0
                                2,3, 2,8
                                2,5, 3,8)
 3
                                          (3,4, 14,4)                    (2,3, 10,6)
                                         x_D (4,4, 5,9                   x_A (5,4, 6,0
                                              2,8, 3,9)                       4,6, 3,8
                                              3,7, 3,0                        5,4, 6,1)
 2                                   (2,3, 13,5)
                                    x_C
                                    (3,4, 6,0                                              (1,5, 4,0)              (1,4, 8,4)
                                     3,8, 4,5                                             x_F  x_B (6,3, 7,9
                                     5,0, 4,2)                                                     6,1, 6,5
                                                                                                   6,1, 6,1)
                                                                                          (6,5, 9,5
                                                                                           6,7, 5,5
 1                                                                                         7,2, 5,0)

   1    2    3    4    5    6    7    8    9    D I
```

Legende: P_N : = Psychotizismus (N)
           AvT : = Anstrengungsvermeidungstest

(P_N, AvT)
{SV, VBA}   SV : = Sätze vervollständigen
{RE, RZ}   VBA : = Verstehen und befolgen von Anweisungen
{FD, KLP}   RE : = Regel erkennen
             FD : = Figuren drehen
             RZ : = Rechenzeichen
             KLP : = Kurzlehrprogramm

Abbildung 3

Varianzaufklärung:
D I = 48,02% p = 0,00
DII = 23,86% p = 0,01

*Es werden nur die Mittelwerte angegeben, die sich auf dem 1% Signifikanzniveau unterscheiden

lichkeitstests durch, wobei die Gruppenbildung aus der Clusteranalyse der Programmvariablen übernommen wurde (siehe Abbildung 3).
Die sechs Gruppen unterscheiden sich in sämtlichen Variablen signifikant bis sehr signifikant voneinander (siehe Abbildung 4 und 5). Wie in Abbildung 3 angegeben, werden durch die erste Diskriminanzachse 48,2% der Varianz aufgeklärt. Die zweite Diskrimi-

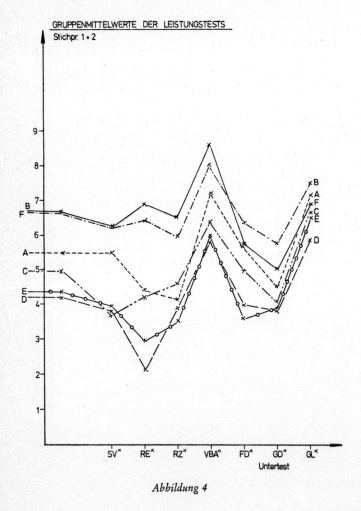

Abbildung 4

nanzachse ist bei der Zusammenfassung beider Stichproben nicht mehr signifikant; ihre Interpretation erübrigt sich mithin. Die erste Diskriminanzachse wird einerseits durch die Intelligenzvariablen und den Lernerfolg im Kurzlehrprogramm bestimmt. Auf der anderen Seite wird die Diskriminanzachse durch den Anstrengungsvermeidungstest und die Psychotizismusvariable PN (hohe soziale Ängstlichkeit) charakterisiert. Allgemein kann man daher von einer

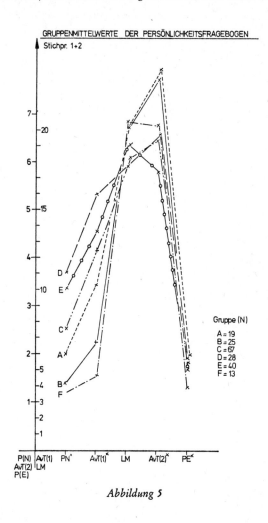

Abbildung 5

Dimension »lernfördernde versus lernhemmende Bedingungen« sprechen.

Einzelergebnisse der Gruppen

Gruppe B und F: In Gruppe B und F sind die intelligentesten Schüler; beide zeigten sehr gute Lernergebnisse. Sie unterscheiden sich jedoch durch die Arbeitszeit (B: mittel, F: kurz). Gruppe F hat besonders gute Ergebnisse in den Tests »Regelerkennen« und »Rechenzeichen«, sowie in dem Test »Verstehen und Befolgen von Anweisungen«. Entsprechend liegen ihre Ergebnisse im Programm Viertaktmotor, für den die betreffenden Tests gute Prädiktoren sind, über den Ergebnissen der Gruppe B. Umgekehrt hat Gruppe B bessere Ergebnisse in den beiden Untertests »Gegenstände drehen« und »Figuren drehen«, die beide das anschauungsgebundene Denken erfassen; dieses spielt wieder eine besondere Rolle bei der Lösung der Aufgaben des Lehrprogramms »Drehen und Klappen«. Wie Tabelle 3 zeigt, hat Gruppe B dementsprechend bessere Ergebnisse in dem genannten Programm als die Gruppe F. In den für die Lösung schwieriger Aufgaben wichtigen Tests »Sätze vervollständigen«, der das sprachgebundene Denken prüft, sind beide Gruppen gleich gut; sie liegen in ihren Ergebnissen erheblich über jenen der anderen Gruppen.

Für die innere Differenzierung der Schulklasse wesentlich ist die Tatsache, daß Gruppe F im Unterschied zu allen anderen Gruppen signifikant bessere Vortestergebnisse aufweist: Ihre kurzen Arbeitszeiten sind durch das höhere Vorwissen bedingt. Für Gruppe B sind ihre niedrigen Ergebnisse in der Psychotizismusvariable PE, für beide Gruppen ihre niedrigen Werte im Anstrengungsvermeidungstest, sowie in der Psychotizismusvariable PN charakteristisch. Gruppe B hat überdies die besten Ergebnisse in dem Merkfähigkeitstest »Geheimzeichen lernen«.

Behandlungsvorschlag:

Für Gruppe B und F ist die Freigabe der Arbeitszeiten günstig. Gruppe B könnte durch Übungen im Verstehen und sachgemäßen Anwenden von Regeln, Gruppe F durch Übungen im Analysieren und Verändern anschaulich gegebenen Materials ihre Leistungen weiter verbessern.

Gruppe A: Obwohl Gruppe A im allgemeinen in ihren Intelligenztestwerten deutlich über jenen der drei leistungsschwachen Gruppen liegt, unterscheidet sie sich von den leistungsstarken Gruppen B und F signifikant durch ihre niedrigere Intelligenz. Dennoch gelingt es den Schülern dieser Gruppe, diesen Mangel durch die beim Programmierten Unterricht mögliche Verlängerung der Arbeitszeit aufzufangen. Es kann angenommen werden, daß diese Schüler im Normalunterricht mit seinen festgesetzten Arbeitszeiten benachteiligt werden, wenn der Lehrer sich, wie üblich, an den Schülern mit mittlerer Arbeitszeit orientiert.

Besonders niedrige Leistungen weisen diese Schüler in den Untertests RE und RZ auf. Auch für sie sind Differenzierungsmaterialien, die den Bereich des Operierens mit Regeln üben, für eine Verbesserung ihrer Leistungen günstig.

Auffällig sind im Persönlichkeitsbereich die beträchtlich über den Werten der Gruppen B und F liegenden Ergebnisse im Anstrengungsvermeidungstest. Ihre Werte für Psychotizismus PE sind die höchsten von allen Gruppen. In dieser Gruppe befinden sich mithin Schüler, die über ein erhebliches Maß an unangepaßter Extraversion verfügen, d. h. die z. B. dazu neigen, durch ungehemmte Störverhalten aufzufallen. Die konzentrierte Arbeitsform des PU scheint, entgegen anderen Vermutungen in der Literatur, für sie günstig zu sein, da Ablenkungen fehlen.

Gruppe E und C: Beide Gruppen haben in etwa denselben mittleren Lernerfolg, unterscheiden sich jedoch bezüglich der Arbeitszeit. (Gruppe C: mittel, Gruppe E: lang). Ähnlich wie bei den leistungsstarken Gruppen A und B erreicht Gruppe E denselben Lernerfolg wie Gruppe C, indem sie ihre niedrigere Intelligenz durch Verlängerung der Arbeitszeit ausgleicht. Auch hier bewährt sich die im Konzept des Programmierten Unterrichts vorgesehene Freigabe der Arbeitszeit. Die geringeren Ergebnisse in den Untertests RE, RZ und VBA der Gruppe E gehen mit etwas schlechteren Ergebnissen im Lehrprogramm Viertaktmotor einher. Beide Gruppen weisen relativ schlechte Ergebnisse im anschauungsgebundenen Denken auf; ihre Ergebnisse im Lehrprogramm »Drehen und Klappen« sind entsprechend niedrig. Sowohl bei Gruppe E wie bei Gruppe C ist die Psychotizismusvariable PN und die Anstrengungsvermeidungstendenz erhöht.

Gruppe D: Gruppe D zeigt sehr schlechten Lernerfolg bei sehr kurzen Arbeitszeiten. Sie weist außerdem die höchsten Anstrengungsvermeidungstendenzen auf. Offenbar handelt es sich um Schüler, die versuchen, der konzentrierten Arbeit dadurch aus dem Weg zu gehen, daß sie sich mit den betreffenden Aufgabenstellungen gar nicht erst befassen, sondern sie so schnell wie möglich hinter sich bringen wollen (»Mogeln«). Gruppe D ist die einzige Gruppe von Schülern, die die Programmarbeit ablehnt und den Klassenunterricht vorzieht: Im Klassenunterricht fallen die Ausweichverhalten weniger schnell auf als bei Programmiertem Unterricht.

Da diese Schüler außerdem sehr hohe Punktwerte bei PN erzielen, ist anzunehmen, daß es sich um schwer gestörte Kinder handelt, die einer individuellen Betreuung bedürfen. In Gruppe D überwiegen die Jungen ($p=5\%$); sie ist die einzige Gruppe, die geschlechtsspezifisch zusammengesetzt ist. Statistiken über die Geschlechtsverteilung bei Kindern, die in Erziehungsberatungsstellen vorgestellt werden, bestätigen, daß die hier angedeuteten Lernstörungen in erster Linie bei Jungen zu beobachten sind. Von Bedeutung ist in diesem Zusammenhang die Beziehung zwischen strenger elterlicher Erziehung und Erhöhung der Tendenz bei den Kindern, Anstrengungen zu vermeiden.

Anstrengungsvermeidung als Persönlichkeitsmerkmal

Da sich die Tendenz zur Anstrengungsvermeidung als wesentliche Moderatorvariable der Beziehung zwischen Lernerfolg und Arbeitszeit erwiesen hat, soll hier kurz auf das Kontrukt eingegangen werden. Im Anschluß an *McClelland, Atkinson, Heckhausen* u. a. wurde in zahlreichen Untersuchungen die Bedeutung der Leistungsmotivation für den Lernerfolg nachgewiesen (vgl. auch *Closhen* 1965). Erfahrungen aus der Kinderpsychotherapie haben jedoch ergeben, daß damit die Lernstörungen nichtmotivierter Schüler (*Dührssen* 1960: intentional gestörte Schüler; *Fend* 1970: anomische Schüler) nicht ausreichend erfaßt werden. Bei diesen Schülern fällt nicht nur das Fehlen einer Leistungsmotivation auf; wesentlich gravierender ist die Tatsache, daß bei ihnen im Gegenteil eine Antriebsstruktur besteht, die gezielte Vermeidungsstrategien für geforderte Leistungen beinhaltet. Paradox ausgedrückt: »Erfolg« bedeutet bei ihnen nicht Erreichen, sondern Vermeiden von Leistungszielen. Zur Beschreibung des angedeuteten Verhaltensmusters haben wir

das Konstrukt »Anstrengungsvermeidungstendenz« formuliert und
zu ihrer Erfassung bei Schülern der Sekundarstufe II einen Fragebogentest entwickelt. Er stellt einen sehr guten Prädiktor des Lernerfolges bei PU dar (s. *Rollett/Bartram* 1972).
Wie die oben besprochenen Gruppenanalysen gezeigt haben, kann
hohe Anstrengungsvermeidungstendenz sowohl mit kurzer (Gruppe D) als auch mit langer Arbeitszeit (Gruppe A und E) kombiniert
vorkommen.

*Anstrengungsvermeidung und kurze Arbeitszeiten: Gesichtspunkte
für eine pädagogische Therapie der Schüler der Gruppe D*

In Einzeltherapien haben wir gefunden, daß eine Psychotherapie bei
Schülern der Gruppe D nicht ausreicht, um das Verhalten nachhaltig zu beeinflussen. Sie muß durch pädagogische Maßnahmen ergänzt werden, eine Forderung, die bereits *A. Freud* grundsätzlich
für die Kindertherapie gestellt hat.
Diese Schüler haben nie gelernt, längerfristige Ziele, die Arbeit und
Einsatz erfordern, anzusteuern. Ihre schulische Leistung ist entsprechend schlecht. Sie erreichen nur in den seltensten Fällen einen
Volksschulabschluß. Überläßt man sie sich selbst, so stehen ihnen
kaum Berufsmöglichkeiten offen. Sowohl im Interesse der betreffenden Schüler, als auch im Hinblick auf die Belastungen, die das
Verhalten dieser Schüler für die Klasse bedeutet, ist eine pädagogische Hilfe angezeigt, die allerdings mit beträchtlichen Schwierigkeiten rechnen muß.
Die hohen Werte der Schüler im Psychotizismusfragebogen (PN)
weisen auf ihre massiven Ängste hin, die in der sozialen Interaktion
zu aggressiver Kontaktabwehr, oppositioneller Verweigerung und
Isolation führen. Die Anamnese deckt meist erhebliche emotionelle
Vernachlässigung durch die Eltern, oft unter der Decke einer nach
außen hin demonstrierten Verwöhnung des Kindes mit materiellen
Gütern, auf. Aus den verschiedensten Gründen (beengte Wohnverhältnisse aufgrund der schlechten sozialen Lage der Familie, hektische Atmosphäre durch Arbeitsüberlastung beider Elternteile u. ä.)
hat das Kind zu Hause gewöhnlich keine Gelegenheit gehabt, längere Zeit ungestört zu spielen und zu arbeiten. Meist stellt sich überdies heraus, daß seine Spiel- und Arbeitsergebnisse stets nur mit
Gleichgültigkeit oder abwertend zur Kenntnis genommen werden.

Charakteristisch ist für diese Kinder, daß ihre Verdrängungsmechanismen schnell und glatt anspringen. Unangenehmes wird sofort »vergessen«; man weicht Schwierigkeiten aus, wo dies nur immer möglich ist; kommt es doch zu einer Konfrontation, so spielt man ein ganzes Repertoire an Abwehrmechanismen durch; als letztes Mittel wird der emotionelle Ausbruch (unbeherrschtes Toben, massive Beschimpfungen des Partners, Schlagen u. ä.) eingesetzt. Aus der Art der geschilderten Störungen geht hervor, daß man in schweren Fällen auf eine Einzeltherapie nicht wird verzichten können.

Da der ganze Bereich der Arbeitstechniken nicht beherrscht wird, ist aber in jedem Fall ein gezielter Aufbau der betreffenden Verhaltensweisen unumgänglich (siehe *Weltner* 1973). An dieser Stelle kann der Lehrer einen entscheidenden Beitrag leisten. Wie unsere Untersuchung gezeigt hat, stellt der Programmierte Unterricht eine Rahmenbedingung für ein derartiges Training dar. Er entlastet den Lehrer soweit, daß er sich mit den Schülern der Gruppe D (meist 2–4 pro Klasse) individuell befassen kann.

Die Gliederung in Lehrschritte bei Programmiertem Unterricht erlaubt eine individuelle Anpassung der Arbeitsphasen. Als Erziehungsstil hat sich dabei eine Kombination äußerster Konsequenz im Festhalten der gesetzten Arbeitsziele, gepaart mit einer freundlichen, humorvollen, aber nicht ironischen Haltung bewährt. In den Anfangsphasen stellt es bereits einen Erfolg dar, wenn die Kinder überhaupt das vorgesetzte Pensum erledigen. Meist muß man bei jedem einzelnen Schritt ermutigen und stützen, bzw. Ausweichtendenzen freundlich, aber bestimmt entgegenwirken. Da die Kinder eine sehr niedrige Frustrationstoleranz haben, sind die Arbeitsabschnitte zunächst einmal eher knapp zu bemessen. In einem späteren Stadium kann man übergeordnete Techniken lernen lassen: Selbstfestlegung des jeweiligen Arbeitszieles; die Abmachung, daß der Schüler bei dem nächsten Ausweichimpuls selbst versuchen solle, ihn zu überwinden und weiterzuarbeiten, Überprüfung des eigenen Leistungsstandes, wie dies im Programmierten Unterricht ohne weiteres möglich ist, u. a. m.

Ein Transfer auf den Klassenunterricht kann dadurch stattfinden, daß man die Übungen in der Beherrschung der eigenen Ausweichimpulse auf den Klassenunterricht ausdehnt. Bei längerfristigen, konzentrierten Anstrengungen der Klasse sollte der Lehrer dabei routinemäßig die betreffenden Schüler stützen.

Für den Lehrer ist bei der pädagogischen Therapie der Schüler der Gruppe D deren Labilität besonders belastend. Zeiten, in denen Erfolge zu verzeichnen sind, wechseln mit scheinbaren Rückschlägen ab, wobei die Kinder wieder das Verhalten der ersten, schwierigsten Phase zeigen. Tatsächlich handelt es sich aber dabei gewöhnlich entweder um eine Reaktion auf Überforderungen (häusliche Belastungen, schlechte Behandlung durch Mitschüler, bei älteren Schülern u. U. auch eine erste Verliebtheit, Enttäuschung über schlechte Schulerfolge u. ä.) oder um eine »Erprobung« des Lehrers, um festzustellen, ob seine verständnisvolle Haltung nur Maske sei oder Vertrauen verdiene. Der Lehrer sollte sich daher von derartigen Episoden nicht von seinen Bemühungen abbringen lassen, sondern die Ursachen im Gespräch zu klären versuchen (vgl. *Junker* 1973).

Anstrengungsvermeidung und lange Arbeitszeiten:
Programmierter Unterricht als therapeutische Lernsituation

Sehr häufig gehen Anstrengungsvermeidungstendenzen mit einer Verlängerung der Arbeitszeit einher. Wie unsere Befunde ergeben haben, ist der Programmierte Unterricht für derartige Schüler die ideale Lernsituation, da sie trotz ihrer Störungen zu mittleren (Gruppe E) und sehr guten Lernergebnissen (Gruppe A) kommen können. Während sie wegen ihres langsamen Arbeitsstils im normalen Unterricht immer erleben, daß sie die geforderten Ziele nicht erreichen, ist dies beim Programmierten Unterricht nicht der Fall. (Unter Umständen ist ihre erhöhte Anstrengungsvermeidungstendenz auf die ständigen Frustrationen zurückzuführen). Die Schüler können daher durch die Programmarbeit lernen, ohne Angst ein Ziel konsequent zu verfolgen. Für sie stellt der Programmierte Unterricht eine therapeutische Lernsituation dar.
Sicher wird man als Endziel einen Abbau der langsamen Arbeitsweise verfolgen, schon um diesen Kindern die ständigen Enttäuschungen im normalen Klassenunterricht zu ersparen.
Als sehr brauchbares Mittel, die eigene Leistung auch in bezug auf den Zeitfaktor selbst zu kontrollieren, hat sich der Einsatz von Stoppuhren durch die Schüler selbst erwiesen. Man zeigt ihnen, wie sie Arbeitsabschnitte selbständig wählen können, was bei Programmiertem Unterricht durch die Einteilung in Lernschritte besonders leicht möglich ist. (Bei Stillarbeit im Klassenverband sind geeignete

Übungsfelder auszuwählen: am besten gibt man den Schülern Rechenaufgaben, Grammatikaufgaben u.ä. bereits in Teilabschnitte gegliedert). Der Umgang mit der Stoppuhr wirkt meist so motivierend, daß die Schüler ein neues Interesse an ihrer Arbeit bekommen. Für Geschwindigkeitsübungen eignen sich nur Aufgaben, deren Schwierigkeitsgrad den Fähigkeiten der Schüler entspricht. Schwierige Knobelaufgaben sollten prinzipiell frei von Zeitdruck bearbeitet werden können. Die Fähigkeit zur Entscheidung darüber, ob ein Aufgabenbereich eher sorgfältiges, gründliches Nachdenken und Durcharbeiten erfordert, oder eher Geschwindigkeit und Eleganz in der Durchführung am Platz sind, stellt eine wesentliche Bedingung eigenverantwortlicher Arbeit dar.

Grundvoraussetzung aller pädagogischen Therapie ist eine Atmosphäre, die frei von Schuld- und Angstdruck ist. Der Lehrer sollte daher den Schülern klarmachen, daß jeder individuelle Arbeitsstil seine Vor- und Nachteile hätte; daß es daher darauf ankäme, zu wissen, wann der eigene Arbeitsstil der am besten geeignete ist und für welche Aufgaben man von Mitschülern eine andere Arbeitstechnik lernen und einsetzen sollte. So ist beispielsweise eine Sonderform des kursorischen Arbeitsstils der Gruppe D als Verfahren, um sich schnell einen Überblick über ein Stoffgebiet zu verschaffen, durchaus geeignet.

Pädagogische Therapie, so verstanden, stellt eine Spielart der kompensatorischen Erziehung dar. Mit der Einstellung, voneinander zu lernen, schafft sie eine wichtige Voraussetzung der Teamarbeit allgemein.

Literatur

Alter, M./Silverman, R.: The response in Programmed Instruction. J. Pl. 1 (1962), 1

Atkinson, J. W. (Hrsg.): Motives in fantasy, action and society. Princeton 1958

Briggs, H. v./Kanter, G.: Über Lernleistung und Intelligenz bei Volksschülern. In: Psychol. Beiträge 5 (1960), S. 335–342

McClelland, D. C.: The achieving society. Princeton 1961

Closhen, H.: Leistungsmotivation und Lernerfolg in einem rechnererzeugten Lehrprogramm. Unveröff. Dissertation. Braunschweig 1965

Dührssen, A.: Psychotherapie bei Kindern und Jugendlichen. Göttingen 1960

Fend, H.: Anomie und Schulerfolg. Unveröff. Institutsbericht. Konstanz 1970
Freud, A.: Einführung in die Technik der Kinderanalyse. München 1971 (6. Auflage)
Heckhausen, H.: Hoffnung und Furcht in der Leistungsmotivation. Meisenheim 1963
Herrmann, Th.: Lehrbuch der empirischen Persönlichkeitsforschung. Göttingen 1970
Ihm, P.: Automatic classification in anthropology. In: D. Hymes (Hrsg.): The use of computers in anthropology. Den Haag 1965
Junker, H.: Das Beratungsgespräch. Zur Theorie und Praxis kritischer Sozialarbeit. München 1973
Kemmler, L.: Erfolg und Versagen in der Grundschule. Göttingen 1972 (2. Auflage)
Moore, J. W./Smith, W. I.: Knowledge of results in selfteaching spelling. In: De Cecco, C. P. (Hrsg.): Educational technology. New York 1964
Plickat, H. H.: Lebenslauf. Stuttgart 1969
Rohracher, H.: Kleine Charakterkunde. Wien/Innsbruck 1969 (12. Auflage)
Rollett, B./Bartram, M.: Programmierter Unterricht und Lernerfolg. Institutsbericht. Osnabrück/Kassel 1972. (Gekürzte Fassung in: Unterrichtswissenschaft 4/1973
Rollett, B./Bartram, M.: Konstruktion eines Prüfverfahrens der Anstrengungsvermeidung als Prognoseinstrument für den Lernerfolg bei Programmiertem Unterricht. In: Bericht über den 26. Kongreß der Deutschen Gesellschaft für Psychologie in Saarbrücken. Göttingen 1974
Schwarzer, R.: Eine Voruntersuchung zur Beziehung von Intelligenz, Arbeitszeit und Lernerfolg beim programmierten Lernen, Pl. 8 (1971), S. 170–173
Stapf, K. J./Hermann, Th./Stapf, A./Stäcker, K. H.: Psychologie des elterlichen Erziehungsstils. Stuttgart 1972
Viet, U./Ragnitz, H.: Drehen und Klappen. Stuttgart 1970
Veldman, D. J.: Fortran programming for the behavioral sciences. New York 1967
Ward, J. H.: Hierarchical grouping to optimize an objective function. In: J. amer. stat. ASS 58 (1963), S. 236
Weltner, K./Kunze, W.: Der Viertaktmotor. Stuttgart 1968
Weltner, K.: Informationstheorie und Erziehungswissenschaft. Quickborn 1970
Weltner, K. u. a.: Leitprogramm »Mathematik für Studenten mit Physik als Nebenfach«, Bericht über einen hochschuldidaktischen Versuch. In: Rollett, B./Weltner, K. (Hrsg.): Fortschritte und Ergebnisse der Bildungstechnologie 2. München 1973, S. 200–207.

Pädagogische Therapie in Kleingruppen – ein Vergleich unterschiedlicher Behandlungskonzepte zur Behebung legasthenischer Schwierigkeiten*

Dierk Trempler/Wolf-Rüdiger Minsel/Beate Minsel

Legasthenie ist eine Leistungsstörung, deren Ätiologie noch weitgehend unbekannt ist *(Angermaier* 1970, *Valtin* 1970). Begleitend sind häufig psychologische Persönlichkeitsbeeinträchtigungen und Verhaltensauffälligkeiten zu beobachten *(Kobi* 1963, *Klein* 1965). Bisherige Behandlungsmethoden zur Behebung bzw. Minderung dieser Symptomatik variieren stark je nach ätiologischen Annahmen. Üblichste Formen der Behandlung sind die Funktionsübung durch Nachhilfe in Kleingruppen *(Biglmaier* 1965, *Ingenkamp* 1965, *Müller* 1965); die Förderung von Reflexivität *(Riggs* 1968) oder das Geben von Hinweisen für veränderte Lebensbedingungen wie etwa der Schlafhaltung *(Lückert* 1966).
Ausgehend von der komplexen Symptomatik und der Unkenntnis des ursächlichen Verhältnisses zwischen Leistungsmangel und Persönlichkeitsbeeinträchtigung scheinen unter Umständen psychotherapeutische Behandlungsmaßnahmen angebracht, die direkt auf die Wechselbeziehung der Symptomfaktoren zielen. Zum einen wären es die nicht-direktive Spieltherapie *(Axline* 1947). Der Nachweis erfolgreicher Behandlung von Leseschwierigkeiten wurde mit dieser Methode von *Bills* bereits 1950 vorgenommen. Zum anderen bieten sich verhaltenstherapeutische Verfahren an *(Kuhlen* 1972). In besonderem Maße zeigten sich operante Techniken bei Leistungsstörungen erfolgreich *(Staats und Butterfield* 1965).

---

* Die Arbeit wurde am Institut für Psychologie der Universität Kiel, Leitung Prof. Dr. Dr. H. Wegener, durchgeführt. Ihr liegen zwei Diplom-Arbeiten zugrunde, die von D. Trempler und H. Detzkies am Psychologischen Institut der Universität Hamburg eingereicht wurden. Für die Mitarbeit wird allen Beteiligten herzlich gedankt.

Fragestellungen
I: Welche Veränderungen treten bei lese-rechtschreibschwachen Kindern durch Spieltherapie bzw. Bekräftigungsprozeduren in Leistungs- und Persönlichkeitsbereichen auf?
II: Sind diese Veränderungen bedeutsamer als die durch Nachhilfeunterricht bzw. durch zufällig auftretende Veränderungen?
Hypothese 1: Die Behandlung legasthenischer Kinder durch nichtdirektive Spieltherapie *(Axline* 1947), Bekräftigungsprozeduren *(Kuhlen* 1972) bzw. einer Kombination beider Behandlungsarten fördert
– Leistungssteigerungen (im Sinne von weniger Fehlern im Rechtschreibetest, Wortunterscheidung, Wörtertrennen, beim Wort- und Text-Lesen)
– Änderungen in Persönlichkeitsbeeinträchtigungen (im Sinne von Minderung von Angst, Neurotizismus, Aggression)
Hypothese 2: Die genannten psychotherapeutischen Behandlungsmaßnahmen (Spieltherapie, Bekräftigungsprozeduren, Kombination beider) bei legasthenischen Kindern sind in ihren Auswirkungen auf die Leistungs- und Persönlichkeitsbeeinträchtigungen günstiger als Nachhilfeunterricht.
Hypothese 3: Die Veränderungen in den Leistungs- und Persönlichkeitsbeeinträchtigungen bei legasthenischen Kindern aufgrund der psychotherapeutischen Behandlungsmaßnahmen sowie aufgrund des Nachhilfeunterrichts sind günstiger als Veränderungen bei unbehandelten legasthenischen Kindern (Kontrollgruppe).

Durchführung

Allgemeine Durchführungsbedingungen. – An 13 Kieler Schulen wurden 36 Klassen des dritten Schuljahrs im Jahre 1970 psychodiagnostisch getestet. Insgesamt handelt es sich um 975 Schüler, von denen 96 (53 männlich, 43 weiblich) als legasthenisch bezeichnet werden können (DRT-Fehlerprozentrang $\leq 5\%$, Intelligenzquotient ≥ 90; *Valtin* 1970). Diese Kinder mit legasthenischer Symptomatik erhielten die Möglichkeit zur Teilnahme an Legasthenie-Behandlungsgruppen. 40 Eltern meldeten ihre Kinder zur Behandlung an. Diese Kinder wurden nach Geschlecht, Alter, sozialem Status des Vaters, Behandlungsvorerfahrung (Nachhilfegruppen, spez. Legasthenikerkurse etc.), Intelligenz, Fehlerprozentsatz im Rechtschreibtest parallelisiert und zufallsmäßig einem Behandlungsverfahren zugeteilt. Behandlungsmöglichkeiten waren kindzentrierte Spieltherapie, eine operante verhaltenstherapeutische Verfahrensweise (Bekräftigungsprozeduren), eine Kombination beider Behandlungsarten und eine Nachhilfegruppe. Aus Kontrollgründen wurden zwei weitere Gruppen gebildet. Eine Gruppe (KG 1) von 10 Kindern ist in ihren Persönlichkeitsmerkmalen den Kindern der Behandlungsgruppe direkt vergleichbar. Die Kinder dieser Gruppe wurden aus den 56 Kindern ausgewählt, deren Eltern ihre Kinder trotz legasthenischer Störung nicht zur Behandlung angemeldet hatten. Bei einer zweiten Kontrollgruppe (KG II) von 10 Kindern handelte es sich um hoch psychoneurotische Kinder ohne legasthenische Störungen. Beide Gruppen erscheinen notwendig, da es gilt, spontane Reifungsprozesse und statistische Regressionseffekte in Leistungs- und Persönlichkeitsvariablen von echten Behandlungseffekten zu trennen. Diese 60 Kinder sollten zu Beginn der Behandlung bzw. Kontrollzeit und nach etwa 12 Wochen Behandlungszeit bzw.

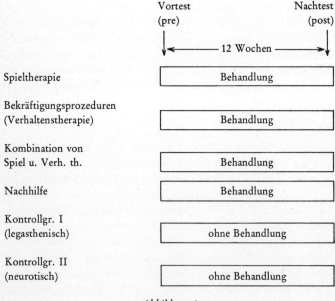

Abbildung 1

Wartezeit psychodiagnostisch untersucht werden. Abbildung 1 veranschaulicht das Design.

Allgemeine Schwierigkeiten bei der Durchführung. – Für weitere Arbeiten dieser Art sind einige Besonderheiten hervorzuheben, die nach Möglichkeit von Anfang an berücksichtigt werden sollten:
- Ausführliche Kontaktnahme mit Schulräten, Schulleitern, Lehrern, Elternbeiräten und Eltern, um die Bereitwilligkeit zur Mitarbeit auf breiter Ebene zu sichern. Dabei sollten Konsequenzen der Untersuchung, Testverfahren, Behandlungsverfahren besonders betont werden.
- Je sachfremder die Behandlungsart von Eltern empfunden wird, desto mehr Kontakt und fortlaufende Betreuung der Eltern muß erfolgen, damit diese ihre Kinder weiter zur Behandlung schicken.
- Ferienzeiten im Untersuchungsverlauf wirken sich nach unserer Erfahrung sehr ungünstig aus, sowohl auf die Behandlungseffekte der Probanden wie auch auf die Mitarbeitsbereitschaft der Projektmitarbeiter (überwiegend Studenten).
- Es scheint günstiger zur Vermeidung eines beträchtlichen organisatorischen Aufwands eine derartige Studie in einzelnen Folgestudien durchzuführen, wobei jeweils immer nur eine Behandlungsart gegen Kontrolleffekte überprüft wird.

Spezielle Angaben zur Untersuchung

Spieltherapiegruppe – Es wurden zwei Gruppen von je 5 Kindern gebildet. Trotz Anmeldung aller zur Behandlung begannen jedoch nur 8 Kinder mit der Therapie. Während 2 Monaten trafen sich die Gruppen jeweils zweimal wöchentlich für 45 Minuten. Insgesamt wurden durchschnittlich 14 Behandlungsstunden durchgeführt. Drei Kinder brachen die Behandlung im Verlauf ab. Das Behandlungskonzept ist die nicht-direktive Spieltherapie nach *Axline* (1947), *Tausch* (1956) und *Schmidtchen* (1972). Die Behandlung fand in einem typisch ausgestatteten therapeutischen Spielzimmer in Universitätsräumen statt. Therapeuten waren ein Diplompsychologe und ein Student höheren Semesters. Beide sind als mäßig erfahren in dieser Therapie anzusprechen (5 erfolgreich abgeschlossene Behandlungen).

Bekräftigungsprozeduren – Es wurden zwei Gruppen von je 5 Kindern gebildet. Mit der Behandlung begannen nur 8 Kinder. 3 Kinder brachen im Verlauf die Therapie ab. Gearbeitet wurde zweimal wöchentlich je 65 Minuten (mit Pausen) in Universitätsräumen, insgesamt etwa 17 Stunden innerhalb von 2 Monaten.

Das Behandlungskonzept kann als »Geben von positiven Bekräftigungen bei der Arbeit an emotional unbelastetem Trainingsmaterial« charakterisiert werden *(Minsel* 1970). Das Material bestand aus Wortgruppenübungen in Form von Wortlisten, Silbenrätseln, Einsetzübungen etc. Es wurde entliehen von einer Pädagogin der Hamburger Schülerhilfe. Als Verstärker wurden Gummiteddys benützt, die jeweils sofort übergeben wurden, jedoch erst nach der Übungseinheit gegessen werden durften. Arbeitsleiter waren eine Diplom-Psychologin und eine Studentin höheren Semesters. Beide sind in dieser Behandlungsmaßnahme als mäßig erfahren anzusprechen.

Kombination von Spieltherapie und Bekräftigungsprozeduren (Verhaltenstherapie) – Es wurden zwei Gruppen von je 5 Kindern gebildet. Ein Kind begann nicht mit der Behandlung. Abbrecher traten nicht auf. Es fanden abwechselnd pro Woche ein spiel- und ein verhaltenstherapeutischer Kontakt der oben skizzierten Art statt. Insgesamt wurden in den zwei Monaten 14 therapeutische Stunden durchgeführt. Psychotherapeuten waren die genannten Psychologie-Studenten höheren Semesters, die jeweils in ihrer therapeutischen Spezialisierung tätig waren. Die Behandlungskonzeption wurde in das Design aufgenommen, da für ein derartiges Vorgehen erfolgreiche Forschungsarbeiten vorliegen (u. a. *Fischer* 1953).

Nachhilfegruppe – Es wurden zwei Gruppen von je 5 Kindern gebildet. Ein Kind begann die Behandlung nicht, drei Kinder brachen sie im Verlauf ab. Gearbeitet wurden neun Stunden zu je 70 Minuten, einmal die Woche über 2 Monate. Unterricht gaben zwei Studenten (Psychologie und Pädagogik) höheren Semesters. Art und Inhalt der Arbeit war ihnen freigestellt. Mit dieser Konzeption sollte die Realsituation möglichst genau simuliert werden.

Abbrechergruppe – Ursachen für den Abbruch der Behandlung lagen in Erkrankungen der Kinder, Schulwechsel (Einweisung in die Sonderschule), Ungeduld der Eltern. Es scheint ferner so zu sein, daß besonders der letztgenannte Grund besonders häufig bei Eltern niedrigerer sozialer Schichten zutrifft. Genauere Untersuchungen dazu wären dringend notwendig (u. a. *Trempler* u. *Minsel* 1973).

Kontrollgruppe I (legasthenisch) – Von den ursprünglich 96 psychodiagnostisch ermittelten legasthenischen Kindern wollten 40 die Behandlung aufnehmen. Aus den 56 verbleibenden Kindern wurden 10 ermittelt, die hinsichtlich Geschlecht, Alter, Behandlungsvorerfahrung, sozialem Status des Vaters, Fehlerprozent im Rechtschreibtest, Intelligenz und Ausmaß an Psychoneurotizismus den Kindern der Behandlungsgruppen direkt vergleichbar waren. Diese Kontrolle ist notwendig, um möglichst genau die Wirkweise der Behandlungen gegenüber spontanen Remissionseffekten abschätzen zu können (*Schwarz* 1970).

Kontrollgruppe II (psychoneurotisch) – Aus ökonomischen Gründen wurden aus einer der dritten Schulklassen 8 Kinder selegiert, die nicht legasthenisch aber in hohem Ausmaß psychoneurotisch waren. Ansonsten wurde darauf geachtet, daß diese 8 Kinder den übrigen Kindern dieser Untersuchung in den vorgenannten Kriterien entsprachen. Diese Kontrollgruppe erschien uns sinnvoll, um Testregressionseffekte genauer abschätzen zu können. (*Schwarz* 1970).

Elterngruppe – Die Eltern der Kinder, die behandelt wurden, wurden um ihre Mitarbeit gebeten. Sie erhielten die Anweisung, möglichst die Kinder nicht zu strafen, Erfolge zu loben, Extraaufgaben neben der Schule wegfallen zu lassen, mehr spielen zu lassen, nicht weiter zu den bisherigen Förderkursen bzw. Behandlungsmaßnahmen zu schicken und zu bestärken, daß die jeweilige Behandlungsform günstig ist. Für die Eltern der Kinder aus der legasthenischen Kontrollgruppe gilt das aus ethischen Erwägungen heraus nicht.

Meßinstrumente – Die Gesamtgruppe der 975 acht- bis zehnjährigen Schüler dritter Klassen wurde mit folgenden psychodiagnostischen Instrumenten untersucht:

- Bildertest (BT 2-3), *Ingenkamp* 1966: sprachfreier Intelligenztest; mißt Allgemeinbegabung, allgemeine intellektuelle Leistungsfähigkeit
- Diagnostischer Rechtschreibtest für dritte Klassen (DRT 3), *Müller* 1966: Lückentest; prüft Rechtschreibung kritischer Wörter
- Wortunterscheidungstest (WUT), *Biglmaier* 1963: Lesetest; mißt Unterscheidungsfähigkeit bei ähnlichen Wörtern
- Hamburger Neurotizismus- u. Extraversionsskala für Kinder und Jugendliche (Hanes), *Buggle* und *Baumgärtel* 1969: Persönlichkeitsfragebogen; mißt Extraversion, Neurotizismus und Streben nach sozialer Konformität; verwendet wurde nur die Neurotizismusskala.
- Kinder-Angst-Test (KAT), *Thurner* u. *Tewes* 1969: Persönlichkeitsfragebogen; mißt allgemeine Ängstlichkeit
- Aggressionsskala für Kinder (ASK), *Trempler* 1971/*Detzkies* 1971: Persönlichkeitsfragebogen zur Aggressionsbereitschaft nach SELG (1968); mißt Aggressionsbereitschaft gegenüber sich selbst (Skala I) und gegenüber anderen Personen (Skala II).

Die an der Untersuchung beteiligten Kinder wurden zusätzlich noch in Extragruppen mit folgenden psychodiagnostischen Meßinstrumenten untersucht:
- Wörtersuchen,
- Wörtertrennen, *Kemmler* 1967: Leistungstests; prüfen Gliederungs- und Lesefähigkeit
- Zürcher Lesetest, *Lindner* u. *Grissemann* 1968: Leistungstest; prüft Fehlerzahl und Lesezeit bei Wörtern und Texten; Einzeltest; aus organisatorischen Gründen konnten die Kinder der Kontrollgruppe II (psychoneurotisch) nicht mit diesem Instrument untersucht werden.

Merkmalserhebung – Der Untersuchungszeitraum erstreckte sich von Juni bis September. Die Gesamtheit der Schüler wurde einmal getestet. Das geschah an zwei Vormittagen zu je drei Stunden in folgender Reihenfolge:
erster Vormittag: Hanes, BT
zweiter Vormittag: DRT 3, WUT, ASK (Selbst/Fremd), KAT
Die Untersuchungen wurden von Psychologiestudenten mit Testerfahrung durchgeführt. Ihre Aufgabe bestand in der Organisation und persönlicher Hilfestellung. Die Anweisungen waren auf Tonband gesprochen worden. Der jeweilige Klassenlehrer wurde gebeten, bei der Testsitzung nicht anwesend zu sein. Die Testergebnisse wurden nicht mitgeteilt.

Die Kinder der Untersuchungsgruppen wurden in Kleingruppen zu 5-10 Personen zusammengefaßt und in einer halbstündigen Testsitzung von einem Psychologiestudenten höheren Semesters mit psychodiagnostischer Erfahrung mit den zusätzlichen Meßinstrumenten untersucht. Der Zürcher Lesetest wurde den Kindern einzeln vorgelegt. Diese Untersuchungen vollzogen sich in gleicher Weise am Anfang und am Ende der Untersuchung, wobei am Ende des Behandlungszeitraumes alle Meßinstrumente bearbeitet werden mußten.

Ergebnisse

Wegen der geringen Personenzahlen in dieser Studie wurden die Daten non-parametrisch verarbeitet *(Lienert* 1973). Für Vergleiche korrelierender Stichproben (Anfangs-Endtest) wurde der Wilcoxon-Test für Paardifferenzen benutzt *(Lienert* 1973). Der Vergleich zweier unabhängiger Stichprobenverteilungen hinsichtlich zentraler Tendenz wurde mit dem U-Test von *Mann-Whitney (Lienert* 1973)

Tabelle 1: Mittelwerte und Streuungen in den Persönlichkeitstestdaten im Vortest (pre) und Nachtest (post) für jede der Untersuchungsgruppen

Behandlungsart	Mittelwert Streuung	Spieltherapie		Bekräftigungsprozedur (Verhaltenstherapie)		Kombination Spiel u. Verhaltenstherapie		Nachhilfe		Kontrollgruppe I (legasthenisch)		Kontrollgruppe II (neurotisch)	
Testzeitpunkte		pre	post	pre	post	pre	post	pre	post	pre	post	pre	post
Kinder-Angst-Test	M	8,00	6,40	8,60	9,00	7,78	5,00	10,17	8,00	8,70	7,20	11,75	9,38
	S	2,74	4,88	3,85	4,90	3,83	3,20	2,64	5,37	3,56	4,54	2,60	3,62
HANES-Neurotizismus	M	9,80	6,40	10,20	6,20	10,78	9,00	12,33	9,83	10,40	9,00	12,25	11,50
	S	3,70	3,29	3,11	3,96	4,87	5,20	3,08	6,74	4,25	3,62	1,04	5,07
Aggressionsskala (selbst)	M	32,00	33,80	36,80	32,40	33,56	30,78	37,33	33,67	34,20	35,10	35,88	31,63
	S	8,15	11,99	5,72	6,80	9,49	6,12	7,12	5,99	8,95	6,37	4,05	7,11
Aggressionsskala (fremd)	M	13,00	13,60	15,80	15,40	15,33	15,22	15,83	11,67	16,40	16,90	17,13	17,00
	S	1,41	3,05	3,63	4,39	4,18	4,66	4,49	5,57	2,55	3,96	3,09	2,98

Tabelle 2: Mittelwerte und Streuungen in den Leistungstestdaten im Vortest (pre) und Nachtest (post) für jede der Untersuchungsgruppen

Behandlungsart	Mittelwert Streuung	Spieltherapie		Bekräftigungsprozedur (Verhaltenstherapie)		Kombination Spiel u. Verhaltenstherapie		Nachhilfe		Kontrollgruppe I (legasthenisch)		Kontrollgruppe II (neurotisch)	
Testzeitpunkte		pre	post	pre	post	pre	post	pre	post	pre	post	pre	post
Fehler im Rechtschreibtest	M	33,60	22,60	35,20	21,40	34,00	26,67	35,17	25,50	34,20	30,50	24,00	15,50
	S	3,78	6,11	3,42	7,83	2,45	5,15	5,42	11,15	2,82	5,80	3,46	7,65
Wortunterscheidungstest	M	33,20	36,80	34,20	34,40	32,33	33,11	32,50	37,50	31,70	36,20	38,63	42,38
	S	6,61	2,95	5,63	7,06	5,66	5,60	7,50	6,28	5,33	3,88	4,87	5,04
Wörter suchen	M	15,60	26,20	13,00	19,20	16,44	22,00	15,17	24,17	18,10	25,30	20,00	23,38
	S	9,29	13,05	9,27	12,83	7,83	9,33	6,18	11,89	5,55	5,77	3,70	9,49
Wörter trennen	M	33,40	38,80	28,80	35,20	28,33	43,78	22,50	39,50	33,80	40,50	39,38	50,50
	S	18,46	18,59	20,43	16,18	13,47	9,80	10,73	13,61	12,44	14,25	16,22	4,44

Zürcher Lesetest	Wortlesen	Fehler	M	4,40	1,60	12,40	9,60	8,78	7,00	6,33	3,17	9,80	5,60	./.
			S	2,97	1,52	5,59	4,39	6,18	4,77	4,50	1,94	9,30	3,98	./.
		Zeit	M	58,60	40,80	96,60	90,60	76,89	80,78	72,50	81,00	78,10	68,10	./.
			S	16,95	9,26	32,41	34,50	40,71	34,69	18,01	16,05	28,57	31,42	./.
	Textlesen	Fehler	M	13,20	7,60	28,40	22,00	17,56	14,78	14,17	9,33	17,30	14,60	./.
			S	9,96	3,51	9,48	6,44	12,40	8,74	9,99	4,93	18,79	7,56	./.
		Zeit	M	140,80	97,80	216,40	243,20	179,11	184,56	191,50	196,33	175,70	156,80	./.
			S	50,22	18,95	57,32	63,30	80,49	82,68	57,85	58,62	56,20	36,63	./.

durchgeführt. Um die Ergebnisdarstellung nachvollziehbarer zu gestalten, werden in den folgenden Tabellen die Mittelwerte und Streuungen für die einzelnen psychodiagnostischen Instrumente bei den beiden Testzeitpunkten für jede der einzelnen Untersuchungsgruppen aufgeführt.

Bei den Persönlichkeitstests war als Ergebnis zu erwarten, daß
- erhöhte Testwerte in Ängstlichkeit, Aggression und Psychoneurotizismus aufgrund von Testregressionseffekten sich vom Vor- zum Nachtest bedeutsam vermindern;
- die Veränderungen in den Testdaten (Minderung von Ängstlichkeit, Aggression, Neurotizismus), gemessen an den Differenzen zwischen den Nachtestwerten minus den Vortestwerten, in den Behandlungsgruppen statistisch gesichert größer sind als die spontanen Remissionseffekte in den Kontrollgruppen;
- die Streuung der Testdaten der einzelnen Merkmale von Experimentalgruppen im Nachtest größer ist als die von den Kontrollgruppen – gemessen an der Spannweite der Rangplätze von Kontroll- und Experimentalgruppen nach dem Moses-Test *(Lienert 1973)*.

Im einzelnen ergaben sich:

1. *Ängstlichkeit* (KAT) verminderte sich vom Vor- zum Nachtest bei Kindern aus Experimental- und Kontrollgruppen statistisch bedeutsam (5 %-Niveau). Die Kinder der Gruppe »Bekräftigungsprozeduren (Verhaltenstherapie)« verändern sich überhaupt nicht, bei Kindern der Gruppe »Kombination von Spiel- und Verhaltenstherapie« besteht eine Tendenz zur Veränderung in der gleichen Richtung (10 %-Niveau).

Im Vergleich zwischen den einzelnen Behandlungs- und Kontrollgruppen zeigen sich keine bedeutsamen statistischen Unterschiede – weder hinsichtlich zentraler Tendenz noch bezüglich Dispersion.

2. Verminderungen in *Psychoneurotizismus* (Hanes-N) vom Vor- zum Nachtest treten in statistisch bedeutsamer Weise bei den Gruppen »Spieltherapie«, »Bekräftigungsprozeduren (Verhaltenstherapie)« und »Nachhilfe« auf (5 %).

Echte Behandlungsauswirkungen im Sinne einer statistisch bedeutsamen Minderung von emotionalen Spannungen ergeben sich in den Gruppen »Spieltherapie« und »Bekräftigungsprozeduren (Verhaltenstherapie)« (5 %-Niveau). Das ist besonders bedeutsam, da im Vortest hinsichtlich zentraler Tendenz zwischen den Gruppen keine

bedeutsamen statistischen Unterschiede bestanden. Bei diesen Gruppen (»Spieltherapie«/»Verhaltenstherapie«) zeigen sich auch hinsichtlich Dispersion gegenüber der Kontrollgruppe II (neurotisch) bedeutsame statistische Unterschiede (5 %-Niveau). Gegenüber den beiden Behandlungsgruppen tritt in der Kontrollgruppe eine starke Spannweitenerweiterung auf.
3. Bei den Persönlichkeits-Merkmalen *»Aggressionsbereitschaft gegenüber sich selbst«* und *»Aggressionsbereitschaft gegenüber anderen«* (ASK I/II) ist hinreichende Vergleichbarkeit in den Vortestdaten nicht gegeben. Es zeigen sich einzelne statistisch signifikante Veränderungseffekte in den Merkmalen vom Vor- zum Nachtest innerhalb der einzelnen Gruppen sowie zwischen einzelnen Gruppen. Diese auftretenden Veränderungen hinsichtlich zentraler Tendenz und Dispersion können jedoch nicht gegen Zufallseffekte abgesichert werden. Die Ergebniserwartungen in den Leistungstests (Fehlerminderung in Rechtschreibung, Fehlerminderung in Wahrnehmungsdifferenzierung, Fehlerminderung und Zeitsteigerung beim Wort- und Textlesen) sind direkt vergleichbar denen in den Persönlichkeitstests hinsichtlich Testregressionseffekten, spontan auftretenden Remissionen und Dispersionsveränderungen.
4. Die Fehlerzahl in der *Rechtschreibung* (DRT) minderte sich bei allen Gruppen vom Vor- zum Nachtest statistisch bedeutsam (5 %-Niveau), wobei alle Gruppen bis auf die Kontrollgruppe II (neurotisch) in den Vortestwerten gut vergleichbar sind. Gegenüber der Kontrollgruppe I (legasthenisch) sind in allen Behandlungsgruppen statistisch bedeutsame Therapieauswirkungen nachweisbar. Die Dispersion vergrößert sich bei allen Gruppen statistisch bedeutsam.
5. Die Tests zur Messung der *Wahrnehmungsdifferenzierung* (WUT, Wörtertrennen, Wörtersuchen) unterscheiden sich teilweise schon bedeutsam in den Vortestergebnissen. Veränderungen im Anstieg der Zahl richtig diskriminierter Wörter vom Vor- zum Nachtest in den einzelnen Gruppen sind zwar statistisch bedeutsam (5 %-Niveau), jedoch inhaltlich damit bedeutungslos. Das wird noch spezifiziert bei der statistischen Analyse von einzelnen Behandlungs- und Kontrollgruppen, die in Vortestdaten vergleichbar sind. Dabei ergeben sich keine nachweisbaren Behandlungseffekte. Das gilt auch für die Überprüfung der Dispersion zu den verschiedenen Testzeitpunkten innerhalb der und zwischen den Behandlungsgruppen.
6. Im *Lesetest* (Fehler und Zeit beim Wort- und Textlesen) ergab

sich ein analoges Bild wie bei den diagnostischen Instrumenten zur Wahrnehmungsdifferenzierung.

Hingewiesen werden sollte jedoch auf den Vergleich zwischen den Testergebnissen der Gruppe »Spieltherapie« und »Kontrollgruppe I« (legasthenisch). Es ergaben sich bei mäßiger Vergleichbarkeit in den Vortestdaten hinsichtlich zentraler Tendenz und Dispersion (10 %-Niveau) echte Behandlungsauswirkungen (5 %-Niveau) im Sinne »weniger Fehler« und »schnelleres Lesen« einheitlich bei der Gruppe »Spieltherapie«.

Zusammenfassung und Diskussion der Ergebnisse

Es wurde eine Feldstudie durchgeführt, um die Wirksamkeit unterschiedlicher Behandlungsverfahren (Spieltherapie, verhaltenstherapeutisches Bekräftigungsverfahren, Kombination beider Verfahren, Nachhilfe) gegenüber nicht behandelten legasthenischen und nichtlegasthenischen/psychoneurotisch gestörten Kindern zu ermitteln. Alle Kinder wurden aufgrund einer psychodiagnostischen Untersuchung von ca. 1000 Schulkindern dritter Klassen selegiert. Die 58 Kinder der Untersuchungspopulation wurden nach Persönlichkeitskriterien parallelisiert und zufallsmäßig einer der genannten Gruppen zugeordnet. Die Behandlungszeit bzw. Kontrollzeit erstreckte sich über 8 Wochen. Vor und nach diesem Zeitraum wurden alle Kinder psychodiagnostisch untersucht. Es wurden Rechtschreibung, Wahrnehmungsdifferenzierung, Lesefertigkeit und emotionale Labilität erfaßt. Da im Verlauf der Behandlung einige Kinder aus unterschiedlichsten Gründen der Untersuchung verloren gingen, sind die Ergebnisse vorwiegend als hypothesengenerierend zu verstehen.

Es ergaben sich recht eindeutige Hinweise, daß nicht-direktive Spieltherapie, Verhaltenstherapie im Sinne eines ›Geben von positiven Bekräftigungen‹ hilfreiche therapeutische Möglichkeiten sind zur Reduzierung von Fehlern in der Rechtschreibung sowie zur Minderung in psychoneurotischen Spannungen (teilweise Annahme von Hypothese 1). Diese Effekte sind vergleichbar denen, die aus Nachhilfeunterricht entstehen (Ablehnen von Hypothese 2) und können gut getrennt werden von zufälligen oder systematischen Effekten in den Kontrollgruppen (Annahme von Hypothese 3).

Bei den genannten Behandlungsauswirkungen handelt es sich in besonderer Weise um Effekte in den psychologischen Merkmalen, nach denen die einzelnen Gruppen parallelisiert worden waren. In den übrigen erfaßten Leistungs- und Persönlichkeitsmerkmalen waren zwar auch Veränderungen in erwarteter Richtung nachweisbar, doch konnten sie nicht statistisch gegeneinander gesichert werden, da die Vergleichbarkeit der Gruppen nicht gegeben war. Einzig bei der Gruppe »Spieltherapie« ließen sich Hinweise für echte Behandlungseffekte auch in der Lesefertigkeit sichern.

Insgesamt bedeuten diese Befunde, daß die legasthenische Störung als Symptom einer Störung – möglicherweise einer relativen Speicherungsschwäche *(Schubenz* und *Buchwald* 1964) – angesehen werden kann, die u. U. emotional bedingt ist. Dabei sind soziale Faktoren für diese Bedingtheit wahrscheinlich *(Valtin* 1970, *Eggert* und *Schuck* 1973, *Trempler* und *Minsel* 1973). Um diese Hypothese noch weitgehender zu sichern, wäre es empfehlenswert, im Rahmen einer neuen Studie die genannten Befunde zu replizieren.[*] Dabei wäre darauf zu achten, daß
- weniger Behandlungsgruppen benutzt werden
- mehr Kinder von erfahrenerem Personal behandelt werden
- die Behandlungsgruppen in mehr psychologisch bedeutsamen Persönlichkeits- und Leistungsvariablen parallelisiert werden.

Die praktische Bedeutung einer derartigen Untersuchung für die Legastheniebehandlung läge in der Beantwortung der Frage, ob es sinnvoller zur Beseitigung der Symptomatik wäre, am Sprachmaterial zu üben oder psychotherapeutische Behandlungsmaßnahmen etwa im Sinne der nicht-direktiven Spieltherapie vorzunehmen.

---

[*] Eine derartige Folgeuntersuchung wird zur Zeit von D. Trempler an der Pädagogischen Hochschule Lüneburg an 150 legasthenischen Kindern durchgeführt.

Literatur

Angermaier, M.: Legasthenie – Verursachungsmomente einer Lernstörung. Ein Literaturbericht. Weinheim 1970

Axline, V.: Nondirective therapy for poor readers. In: J. Consult. Psychol. 11 (1947), S. 61–69

Biglmaier, F.: Über die allgemeine Behandlung von Lesestörungen. In: Kirchhoff, H./Pietrowicz, B.: Neues zur LRS. Ein Symposium zur Legasthenie. Basel 1963, S. 43–50

Biglmaier, F.: Systematischer Übungsaufbau für LRS-Kinder mit Möglichkeiten der Programmierung. In: Der Schulpsychologe 1 (1965), S. 20–28

Bills, R. E.: Nondirective playtherapy with retarded readers. In: J. Consult. Psychol. 14 (1950), S. 140–149

Buggle, F./Gerlicher, K./Baumgärtel, F.: Entwicklung und Analyse eines Fragebogens zur Erfassung von Neurotizismus und Extraversion bei Kindern u. Jugendlichen. In: Zeitschr. exper. angew. Psychol. 16 (1969), S. 570–612

Detzkies, H.: Psychologisch-therapeutische Möglichkeiten zur Behandlung von legasthenischen Kindern. Unveröffentl. Diplom-Arbeit für Psychologen. Univ. Hamburg 1971

Eggert, D./Schuck, K. D.: Ein Beitrag zur multi-dimensionalen Diagnose der Lese-Rechtschreibschwäche. In: Zeitschr. f. Heilpädagogik 24 (1973), S. 655–674

Fischer, B.: Group therapy with retarded readers. In: J. Educational Psychol. 44 (1953), S. 354–360

Ingenkamp, K. H.: LRS bei Schulkindern. Weinheim 1965

Ingenkamp, K. H.: Bildertest 2–3. Intelligenztest für zweite und dritte Klassen. Weinheim 1966

Kemmler, L.: Erfolg und Versagen in der Grundschule. Göttingen 1967

Klein, G.: Persönlichkeitsentwicklung in der Schule. Heidelberg 1965

Kobi, E.: Pädagogische Aspekte des Legastheniproblems. In: Schule und Psychologie 10 (1963), S. 289–299

Kuhlen, V.: Verhaltenstherapie im Kindesalter. München 1972

Lienert, G. A.: Verteilungsfreie Methoden in der Biostatistik. Meisenheim 1973 (2. Auflage)

Lindner, M./Gnissemann, H.: Zürcher Lesetest. Bern 1968

Lückert, H. R.: Behandlung und Vorbeugung von Leseschwierigkeiten. In: Schule und Psychologie 13 (1966), S. 193–207

Minsel, W.-R.: Positive Verstärkungen im Unterricht. In: betrifft: erziehung 7 (1970), S. 24–29

Müller, M.: Entwicklung eines Merkblatts für den Aufbau und die Durchführung von Förderkursen für vorwiegend lese-rechtschreibschwache Kinder. In: Schule und Psychologie 12 (1965), S. 321–330

Müller, R. G. E.: Diagnostischer Rechtschreibtest (DRT 2–3). Weinheim 1969

Riggs, S. H. K.: Manifestation of impulse, ego and superego in boys identified for remedial reading instruction in a public school system. Unpubl. Diss., Univ. Maryland, Diss. Abstract 28 (11-A): 4492–4493, 1968

Schmidtchen, S.: Effekte von klienten-zentrierter Spieltherapie bei mehrfach gestörten Kindern. Unveröffentl. Dissertation. Univ. Kiel 1972

Schubenz, S./Buchwald, R.: Die Beziehung der Legasthenie zur Auftretenshäufigkeit der Buchstaben des Alphabets in der deutschen Sprache. In: Zeitschr. exper. angew. Psychol. 11 (1964), S. 155–168

Schwarz, E.: Experimentelle und quasi-experimentelle Anordnungen in der Unterrichtsforschung. In: Furck, C. L. (Hrsg.): Handbuch der Unterrichtsforschung. Teil I. Weinheim 1970, S. 445–632

Selg, H.: Diagnostik der Aggressivität. Göttingen 1968, 1969 (2. Auflage)

Staats, A. W./Butterfield, W. H.: Treatment of nonreading in a culturally deprived juvenile delinquent. An application of reinforcement principles. In: Child Development 36 (1965), S. 925–942

Tausch, R./Tausch, A.: Kinderpsychotherapie in nichtdirektiven Verfahren. Göttingen 1956

Thurner, F./Tewes, O.: Der Kinder-Angst-Test (KAT). Göttingen 1969

Trempler, D.: Feldstudie zum Vergleich von Spieltherapie mit anderen psychologisch-therapeutischen Möglichkeiten bei lese-rechtschreibschwachen Kindern. Unveröffentl. Diplomarbeit für Psychologie. Univ. Hamburg 1971

Trempler, D./Minsel, W.-R.: Beziehungen zwischen Leistungs- und Persönlichkeitsvariablen bei legasthenischen Kindern. Im Manuskript, 1973

Valtin, R.: Legasthenie-Theorien und Untersuchungen. Weinheim 1970

Studien zur Lehrforschung

Band 1   Karl Josef Klauer u. a.
Lehrzielorientierte Tests
²1974. ISBN 3-590-14301-0

Band 2   Reiner Fricke
Über Meßmodelle in der Schulleistungsdiagnostik
1972. ISBN 3-590-14302-9

Band 3   Karl Josef Klauer
Das Experiment in der pädagogischen Forschung
1973. ISBN 3-590-14303-7

Band 4   Ralph W. Tyler
Curriculum und Unterricht
1973. ISBN 3-590-14304-5

Band 5   Karl Josef Klauer
Revision des Erziehungsbegriffs
1973. ISBN 3-590-14305-3

Band 6   Manfred Herbig
Differenzierung durch Fächerwahl
1974. ISBN 3-590-14306-1

Band 7   Hans Meister
Lehrmethoden, Lernerfolge und Lernvoraussetzungen bei Studenten
1974. ISBN 3-590-14307-X

Band 8   Erika Schildkamp-Kündiger
Frauenrolle und Mathematikleistung
1974. ISBN 3-590-14308-8

Band 9   Ralf Schwarzer (Hrsg.)
Lernerfolg und Schülergruppierung
1974. ISBN 3-590-14309-6

Band 10   Karl Josef Klauer
Methodik der Lehrzieldefinition und Lehrstoffanalyse
1974. ISBN 3-590-14310-X

Pädagogischer Verlag Schwann